Titolo | Non sei sola. Fenomenologia della Mammadimerda
Autore | MdM | mammadimerda.it
Codice Isbn cartaceo | 979-12-200-5635-9

Illustrazioni | Giuditta Matteucci | giudittamatteucci.tumblr.com

Redazione, Editing: Ibidemstudio.it
Progetto grafico e dtp: sissa-adv.it

Prima edizione Novembre 2019
Seconda edizione Agosto 2020

NON SEI SOLA

Fenomenologia della
Mammadimerda

There is a house built out of stone
Wooden floors, walls and window sills
Tables and chairs worn by all of the dust
This is a place where I don't feel alone
This is a place where I feel at home
'Cause, I built a home
For you
For me

To build a home, The Cinematic Orchestra

Alla faccia di chi dice che le donne sono le peggiori nemiche delle donne, MdM1 e MdM2 desiderano ringraziare tanto tutte quelle che le hanno supportate e in special modo quelle che, con gesto eroico e sprezzanti del pericolo, hanno a volte anche letteralmente regalato la loro preziosa collaborazione e la professionalità senza le quali sarebbe ovviamente finito tutto a tarallucci e vino, in una sinergia meravigliosa in cui non è davvero mancata mai Mai MAI la risata. In ordine di apparizione, nelle persone di:

La Dottoressa Medea, al secolo Selvaggia C Serini (sì, la C senza punto), nota per averci impiegato un mese a scrivere 1.800 battute di Prefazione. La Prefazione, sia detto, non è ancora giunta. Si occupa di molte cose senza alcun nesso tra loro.

Giuditta Matteucci, illustratricedimerda e mammadimerda, fiera sostenitrice dell'unico aforisma che abbia mai scritto: «La Realtà non è per niente indie». Ipse dixit.

Raffaella Cavaletto, quella che scalzò il Redentore di Rio de Janeiro. Si dice abbia vinto una gara contro Bolt, fumando una siga. Editordimerda, affaticata mentale che ama salire in cattedra, esercita fermezza, ordine e responsabilità. Per poi perdere il computer e mandare tutto in vacca.

Francesca Castro, Psicologa e Psicoterapeuta, esperta in Psicologia Giuridica e Psicodiagnostica Forense a Roma. Ha iniziato a occuparsi di famiglie in difficoltà dal 2004. www.francescacastro.it.

Silvia millemila nomi Sardi, millemila ruoli di comunicazione e grafica, International Power Manager di tutto. Questo libro non esisterebbe senza di lei. Siede solo su poltrone di pelle umana.

Antonella Vitelli, giornalista, factotum, ufficio stampa. Avete presente quando Crozza imita De Luca? Sembra stia imitando De Luca, in verità imita Vitelli, la quale può fregiarsi di avere reso mainstream espressioni pretenziose e ricche di avverbi (es. «insospettabilmente conciliante»).

Rimanete in formazione.

PREFAZIONE

di Selvaggia C Serini [aka Dottoressa Medea]

"Qui, dove l'evoluzione ha preso una storta nel tortuoso sentiero della vita"

Per secoli, hanno tentato di convincerci che noi, i primati, fossimo i prescelti, l'esperimento finale, il pinnacolo più alto della cattedrale di San Michele Arcangelo a Varsavia.

Ovviamente, così non è, perché siamo tutti figli di quella madre un po' distratta che è la Natura, che ci prende e ci fionda giù da un albero, o in mezzo a un ghiacciaio. E lo fa perché ci ama.

Dove la gabbia culturale ci vuole genitori perfetti, quelli che sentono la temperatura del latte sul polso e non succhiando dal biberon, io vi dico che è giunto il momento di tornare alla Natura. Dove il Gipeto Barbuto mangia il proprio gemello pur di sopravvivere. Dove gli Squali maschi disconoscono i loro stessi figli. Sì, ma anche dove l'Anatra Mandarina insegna ai suoi pulcini che senza rischio non c'è vita, e che bisogna uscire dal nido; dove i Coccodrilli si liberano di quell'orrenda fama e portano i propri piccoli con tutta la delicatezza del mondo, da millenni, in una bocca che pare la Valle della Morte, senza ferirli mai; dove i Suricati si stringono e si fingono più grandi di quel che sono, per tenere testa a ottusi predatori. Dove, soprattutto, vive e regna il Pinguino Imperatore.

Il Pinguino Imperatore si accoppia per la vita. La Pinguina rotondeggia in un nido costruito dal maschio apposta per lei. Si amano. Poi, al momento della cova, che dura due mesi nel gelo antartico, la Pinguina saluta tutti e parte con le amiche.

Va a mangiare, a rifocillarsi, a ricostituirsi.

Sarà papà a portare avanti la cova, rischiando di perdere l'uovo, facendosi grande contro il vento freddo, fino alla schiusa. Nutrirà in modo discutibile il proprio pinguinotto, e insieme attenderanno il ritorno trionfale di mamma, carica di vita, di grasso addominale e di gioia. Riuniti, cresceranno un pulcino enorme, e lo faranno insieme.

[NdA: Mammadimerda ha trovato riscontro nelle strampalate teorie della pluriradiata Dottoressa Medea che nella sua prefazione giunta all'ultimo - il libro era quasi in stampa - ci parla del Pinguino, nostro animale totemico].

MANIFESTO DEL Merdismo

1. Il Merdismo si applica a tutti i campi dell'esistenza.

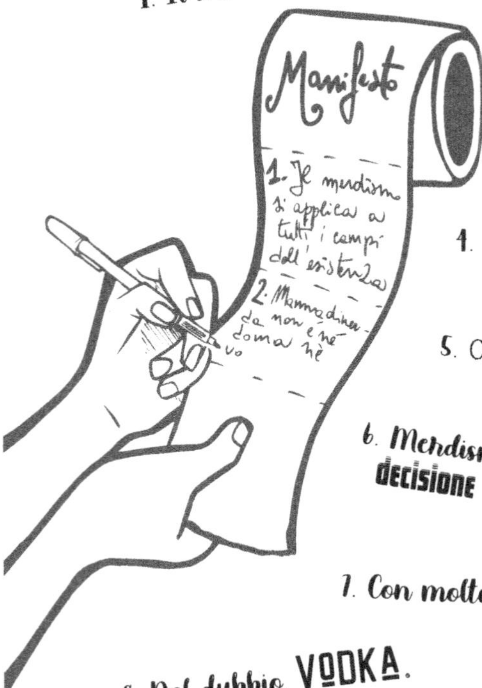

2. Mammadimerda non è né donna né uomo.

3. Inadeguatezza, mezza consapevolezza.

4. Non rimandare a domani ciò che puoi fare dopodomani.

5. Cazzo, è già dopodomani.

6. Merdismo è FANTASIA, intuizione, decisione e velocità di esecuzione.

7. Con molta approssimazione.

8. Nel dubbio, VODKA.

9. NON SEI sola.

10. Vi facciamo sapere (vedi punti 5 e 8)

«Be', come l'hanno scritto?».
«Hanno infilato un coltello in un abbecedario»

MAMMADIMERDISMO

[Introduzione alla fenomenologia del]

Noi, MdM1 e MdM2, inadeguate per eccellenza, amiamo i nostri figli e amiamo la vodka. Proponiamo questa fenomenologia che non vuole essere un sistema filosofico totalizzante, solo l'inizio di una nuova avanguardia.

Voilà l'avant-garde!

Merdismo

QUELLI CHE BEN MERDANO

[Sono intorno a noi]

Siamo tra voi, ci nascondiamo ma manco troppo bene; a un orecchio poco attento possiamo far credere di aver letto e interiorizzato tutta la pedagogia montessoriana dalla A allo Zinco, in realtà diamo al principio di auto-educazione significati sempre nuovi e personalissimi. Ci puoi riconoscere dalle macchie sui vestiti dei nostri figli e mai una salvietta a portata di mano.

«Cambia il vento ma noi no/ e se ci confondiamo un po'» è la norma, cara Fiorella.

Amiche, mammedimerda, genitori 1 e genitori 2, inetti alla genitorialità: ma quanti siamo? È un traguardo? Non mi pare, ma mal comune mezzo gaudio. Siamo sicuramente più degli abitanti di Stornarella, che fa Comune e ha un sindaco. Perché noi no? Che poi anche facessimo un censimento, il dato non sarebbe attendibile, poiché non terrebbe conto del sommerso.

Tuttavia. Secondo il principio di autodeterminazione dei popoli, avanziamo anche noi una mozione di indipendenza e procediamo alla secessione per una Repubblica fondata su Senso di Inadeguatezza, Procrastinazione, Depilazione casuale e Aperitivo.

Come primo passo verso l'indipendenza, istituiremo un nuovo calendario, che comunque non vi aiuterà a ricordare quando i vostri figli usciranno prima da scuola e farete la solita figura. Ma a testa alta, ormai.

Anche questo libro non ha rispettato una scadenza che sia una: esattamente come quando devi pagare la retta dell'asilo, gli appuntamenti slittano come dal pediatra e gli impegni nascono già disattesi, come quando dici alle mamme dei compagni di scuola: «Magari ci prendiamo un caffè una di queste mattine?».

In fondo, l'attesa di mammadimerda è essa stessa mammadimerda.

Di mammebene sono piene le librerie e la Rete, spettinate naturali, a correre a piedi nudi nel parco, con cinquanta sfumature di autunno intorno.

E noi chi siamo, le cugine povere? Aggrediamo il web, l'editoria, i media tutti: diffondiamo senso di inadeguatezza e approssimazione, è ora di restituire dignità a noi diversamente genitori, a noi mamme che non ce la possiamo fare; di rivendicare uno spazio e prendercelo senza chiedere, esattamente come facciamo con i kinder dei nostri figli di notte.

Andate e inadeguatevi, merdisti! (... E poi sovvenzionate la causa mandando dieci centesimi a testa, che devo portare al mare la bambina).

Torniamo al punto, cosa che per noi merdisti è quasi impossibile.

Promuoviamo un'idea di maternità realistica, non univoca, coerente coi tempi che viviamo e le pressioni che subiamo, senza false aspettative, consapevoli che ogni donna è portatrice di una madre unica e differente, con le sue insicurezze, le sue complessità, le sue mancanze, i suoi bisogni.

Da quando abbiamo aperto la pagina Facebook e il blog, non leggiamo altro che lettere piene di sensi di colpa di donne che non sentono di riflettere l'immagine della mamma che si sono costruite. O meglio, che secoli di patriarcato hanno contribuito a formare e che ora agiscono come condizionamento involontario anche sul nostro giudizio.

Non proponiamo soluzioni. Raccontiamo, ridendone, le disavventure di questa fantastica esperienza, perché dei giudizi ce ne fottiamo. Non servono. (Puliscimi un chilo di bieta e portamela già cotta a casa, se mi vuoi dare una mano).

Come riconoscere una mammadimerda?

A volte, la mammadimerda si rivela così, in una conversazione innocua, con una collega insospettabile.

- Mia figlia non è mica tanto furba. Le ho levato il pannolino da otto mesi ma lei no, non è interessata. Si caga addosso che è una bellezza. Allora le ho detto: «Se la fai nel vasino, Babbo Natale ti porta la cucinetta». E sai lei che mi ha risposto? «No-no». Te l'ho detto che è scema!

Siamo così, dolcemente complicate. Appena appena indelicate.

Accostandoti a un paio di loro, magari puoi inavvertitamente sentire le due raffinate pedagoghe che si confrontano sul metodo.

- L'altra sera a cena ho lanciato un piatto nel lavandino e l'ho spaccato.

A questo proposito, se hai ancora dei dubbi sulla tua vocazione genitoriale, ti sottoponiamo un agile quiz per fugarli:

Ti capita di urlare con i tuoi figli?

a) Mai, non mi stanco di parlare con loro fino a quando non abbiano compreso e condiviso le mie scelte educative e si sia pervenuti a una soddisfacente risoluzione del conflitto per tutti.

b) Inizio la mattina alle 7, è il mio Saluto al Sole.

c) Come un'aquila sodomizzata da un cammello sordo.

d) È una domanda retorica?

Ti sei chiesta almeno una volta:

a) Come mai mio figlio è passato dal periodo del «Perché» a quello del «Da dove viene» in una sola mossa e non c'era scritto in nessun cazzo di libro?

b) A parte a casa mia dove si scatenava una buriana di schiaffoni, c'è qualcuno che sa cosa succede dopo che una mamma ha contato fino a tre?

c) C'è un'età stimata in cui si può smettere di annusare i piedi dei propri figli e fare finta di svenire?

Trascorri le giornate a disorganizzare attività lavorative varie, gestire male la vita familiare, a imprecare, essenzialmente?

Come ogni donna, ti trascini dietro una borsa che assomiglia più allo zaino di una giovane marmotta con un disturbo di personalità importante. Al suo interno hai tutto ciò che ti può servire in un normale giorno feriale: l'agenda, il mezzo Kinder Merendero, la bottiglietta d'acqua vuota, il centimetro per misurare la lunghezza del cazzo che te ne frega, una tisana non ha mai fatto male a nessuno, la tua tazza di ceramica personale per motivi misteriosi.

Cosa sicuramente non può mancare?

a) Il pacchetto di clinex.

b) Lo strappo di carta igienica alla cazzo di cane.

Infine.

Se dopo due settimane di visione ossessiva del cartone *Coco*, tua figlia esclama: «Nonna Imelda!», e tu capisci: «Mammadimerda!», forse il tuo inconscio sta cercando di dirti qualcosa.

Colleghe nel merdismo, disagiate della maternità, disorganizzate croniche della vita familiare, *courage*!

Mammedimerda tutte, questo libro è per voi e sarà come una bustina di magnesio che stabilizza l'umore e regola le funzioni intestinali.

INADEGUATEZZA

[Come stile di vita]

Quando compri un tavolo all'Ikea sei consapevole del fatto che dovrai montarlo, così seguirai pedissequamente le istruzioni riportate sul foglietto, vite dopo vite, ma per quanto tu sia scrupolosa è statisticamente provato che alla fine resterai con un pezzo di ferraglia in mano che non dovrebbe avanzare.

Scoprirai quanto basilare fosse quella vite per la tenuta del mobile solo anni dopo, quando il tavolo cederà sotto un peso maggiore del solito e, a quel punto, probabilmente avrai rimosso la causa del crollo, la vite dimenticata in un cassetto o buttata durante un furioso riassetto ispirato al minimalismo, più simile a una nevrosi che a uno stile di vita.

Questo non ti rende un falegname provetto, eri completamente inetta all'assemblaggio di mobili prima di comprare il *Tfjyóørdûkkollo* in cinquantadue comodi colli, ma di necessità virtù, hai attinto alle tue risorse e hai raggiunto il risultato.

Mammadimerda si sente allo stesso modo quando realizza di essere diventata madre: inadeguata, allo sbaraglio e senza nemmeno un ambiguo libretto di istruzioni da poter incolpare come causa dei suoi errori.

Leggerà saggi di psicologi, ostetriche, pedagoghi, per cercare di mitigare quella sensazione di spaesamento e illudersi di avere il controllo su quello che le capiterà da ora in avanti, ma si renderà presto conto che non esiste una ricetta univoca e soprattutto magica per gestire al meglio la vita di quella piccola e nuova persona che si è improvvisamente appropriata di ogni anfratto della sua vita, mandando in soffitta, ripiegata negli scatoloni in disuso del *Tfjyóørdûkkollo*, la donna di prima.

Al suo posto una sconosciuta, una sorta di donna animale capace di rimandare le proprie necessità fisiologiche a tempo indeterminato, che scopre nuovi margini là dove credeva di aver raggiunto il limite.

Si guarderà allora intorno alla ricerca di esempi e consigli, ma il caos aumenterà all'aumentare delle asserzioni e degli imperativi altri.

Alcuni esempi di Asserzioni e Imperativi altri:

- Prova il metodo cosleeping, sidesleeping, sul-tappetino-delbagnosleeping!

- Se piange, vai subito!
- Se piange, aspetta quarantacinque secondi, poi vai, ma non lo prendere in braccio!
- Se piange, aspetta due minuti e poi prendilo. Ti giuro funziona, è stata dura la prima volta, ma poi miracolo, ha dormito tutta la notte senza più svegliarsi... certo che è vivo!
- Se piange ancora, gli fai scrivere dall'avvocato!
- Lo svezzamento bio; senza sale, ma non troppo senza sale, che poi lecca il pavimento; l'auto-svezzamento; meglio le pappette, ma fatte in casa; hai provato con i buoni pasto?
- Bagnetto sempre, bagnetto mai, bagnetto nell'acqua di rugiada durante il plenilunio.
- Dormi quando mangia e mangia quando dorme... però, forse, ci sono gli estremi per abbandono di minore.

Infine, compare sempre il «Goditi questi momenti che non tornano più: bambini piccoli, problemi piccoli!». Però a lei, alla mammadimerda, quei problemi piccoli, in quel momento, sembrano insormontabili.

Il più grande regalo che può fare a se stessa è abbracciare la sua inadeguatezza di essere madre e rivendicarla con fierezza: non lo sa fare e non lo sa fare nessuno.

Non ti fidare mai delle apparenze, delle mammebene che ostentano la famiglia perfetta, la casa perfetta, il matrimonio perfetto. È tutto finto, si tratta solo di marketing sociale. Accetta il lato oscuro della maternità, quello di cui non si parla, che ti fa sentire così sbagliata. Fai tuo il pensiero impronunciabile: «Perché l'ho fatto? Stavo meglio prima», senza nulla togliere all'amore che provi per tuo figlio. Non è un ossimoro, è semplicemente inspiegabile a chi non ci è passato.

Ricordati, quando assisterai all'ennesimo show-pamphlet della mammabene su quanto il suo bambino sia buono, abbia sempre dormito, mangiato, gattonato a quattro mesi, parlato a sei, mai un momento di sconforto, che ci sono solo quattro possibilità:

1. mente spudoratamente;
2. ha rimosso;
3. si droga;
4. un mix delle prime tre.

Siamo tutte alle prese con quei cinquantadue colli da montare e l'unica cosa che possiamo sperare è che le viti che ci rimarranno in mano alla fine non inficeranno troppo il risultato, perché ci sono tavoli che sprovvisti di quella ferramenta resistono per sempre.

Mettete comunque da parte i soldi per la futura terapia dei vostri figli: non si sa mai.

RAPPORTO CON IL MASCHIO

[Si spera della stessa specie]

Il *noumeno* della mammadimerda per diventare *fenomeno* deve riprodursi. Per riprodursi, le scelte sono tante. Quella più gettonata è l'incontro con un maschio della stessa specie (si spera), che può creare non pochi problemi alla mammadimerda potenziale.

Il regno animale offre spunti interessanti per quanto riguarda il rapporto filiale e quello antecedente, con il maschio.

Tutte conosciamo (e intimamente) invidiamo le mantidi religiose, ad esempio, che divorano il maschio dopo l'accoppiamento senza timore dell'ergastolo. Oppure, pensiamo alle prodezze del gattino neonato che cerca invano di saltare nella cuccia dal bordo di uno scatolone: che tenero, che dolce, però, «Che palle, sbrigati che è tardi!», sembra sbuffare mamma gatta mentre con una zampata lo lancia giù dal dirupo.

Famosa è anche la scimmia esasperata dall'ipercinesi del proprio cucciolo: vorrebbe solo mangiarsi una cazzo di banana in pace che «già la vita è una giungla, in più questo non molla un attimo!», trovando come soluzione quella di trattenerlo per la coda con malcelato sadismo, mentre finalmente addenta, ferma e serafica, il suo ambito spuntino.

Il gradino più alto del podio, però, l'inarrivabile creatura, che dà uno schiaffo morale a tutte noi complesse femmine di razza umana, è sua maestà la Paradisea.

La Paradisea ha instaurato un clima di terrore che Saint-Just scansati proprio, in cui ha relegato la vita del maschio, il quale se vuole avere una chance di riprodursi deve cominciare, dal sorgere del sole, a pulire il proprio nido e la terra circostante alla base dell'albero sul quale vive come una Cenerentola strafatta di cocaina, anfetamine varie e Mdma (acronimo che ricorda MdM, ma forse è solo casualità).

Tornando al maschio sottomesso dalla Paradisea, esso vive nella paranoia che possa cadere una foglia o che ci sia un filo d'erba fuori posto, perché sa che presto la femmina verrà a controllare e se non troverà il nido perfetto non lo degnerà della sua attenzione e si guarderà bene dal dargliela. Ricordiamo che il Paradiseo è pur sempre un uccello e, come ben sappiamo, tutti gli uccelli hanno un chiodo fisso. Ecco quindi che il pennuto, lievemente sudato, con l'argenteria lucidata, attende il volo di ricognizione della nostra eroina che, puntuale e scettica, arriva a controllare. Trovando il nido passabile, si ferma a osservare se anche il proprietario di casa meriti la sua attenzione. Questa è la chance del maschio, che comincia a gonfiarsi fino a trasformarsi in un ventaglio come nemmeno Brachetti, cambia con uno sforzo incredibile il colore dei suoi occhi da neri a gialli e rotea, rotea, rotea che perfino un derviscio si fermerebbe a vomitare; gonfia il collo e lo scuote come nemmeno le Bangles mentre performano *Walk Like an Egyptian*, il tutto mentre la femmina lo osserva. E, mentre lo osserva, lo valuta.

Se l'esibizione non sarà di suo gradimento, la Paradisea volerà a cercare un pennuto più pulito, più capace di intrattenere, più abile.

L'inarrivabile creatura ha stabilito dei criteri ferrei e condivisibili per la scelta del partner. Proviamo quindi a trarre spunto e stiliamo una checklist da spuntare *prima* dell'accoppiamento con un esemplare maschile di razza umana da ora in avanti detto *penuto*.

[*NdR*: per molte può sembrare ormai tardi, ma per tramite vostro queste informazioni potranno performare chi ha ancora le ovaie intatte e darwinianamente imprimersi nel Dna delle future generazioni di mammedimerda].

1. Il *penuto* vi invita a salire da lui? Se non trovate i sigilli dell'ufficio di igiene sulla porta di casa, potete cominciare a rilassarvi, se poi la casa si presenta in ordine e pulita, il maschio ha fatto la spesa e vi ha preparato una cenetta con le sue mani (diffidate da parmigiane, lasagne e altri cibi facilmente preparabili da mammà e spacciati per suoi), signore mie, correte in bagno a passarvi quel rasoio che tenete in borsa alla veloce: si sa che il miglior deterrente psicologico alla riproduzione per una donna è il pelo incolto, ma forse stasera gli anticoncezionali non vi serviranno.

2. La residenza dei genitori del *penuto* è ad almeno duecento chilometri dalla sua? Grosso plus.

3. L'individuo da voi prescelto è in età riproduttiva? Allora deve essere dotato di un nido proprio. Eliminate quindi tutti gli esemplari adulti che, superata una certa, non riescano a spiccare il volo. Se avete remore pensate alle aquile che smettono di portare ai pulcini il cibo per costringerli a lanciarsi nel vuoto. Abbandonarli è l'unico modo per insegnare loro a volare (lo sfracellamento è un'opzione e si chiama selezione naturale). Se il vostro lui ha

quarant'anni e aspetta ancora che la mamma gli prepari la cena, cominciate a guardarvi intorno e a valutare altro.

4. Notate le piccole cose. È pigro? Chiede anziché agire? Allarme rosso! Considerate sempre che il maschio tende dopo pochi mesi di relazione a ridurre del 67,5% (percentuale magnanima, alcuni studi sostengono si possa arrivare al 98%) gli slanci avuti nel corteggiamento.

Se vi fa intuire all'inizio della relazione che si aspetta che siate voi a stirargli le camicie, non abbozzate, ma immaginate quali altre irrealistiche e anacronistiche aspettative possa avere il soggetto in questione e decidete se potete soddisfarle e soprattutto se farlo vi renderebbe felici. Sarebbe ipocrita e svilente dire che lo sbattimento che l'avere un figlio comporta sia divisibile 50 e 50, perché anche solo fisiologicamente è la donna ad avere le responsabilità maggiori, ma almeno partite scegliendo qualcuno che sia un compagno e non un adulto da accudire.

Oppure fate come la Paradisea che dopo 2,5 secondi di amplesso spicca il volo.

Qualora questi consigli dovessero giungervi in ritardo e avete già commesso l'errore di prendervi un *penuto* pieno di difetti, ricordatevi che è sempre possibile addestrarlo.

Sono pochissime le fortunate che possono vantare un compagno arrivato in dotazione perfetto così com'era; la maggioranza di noi ha dovuto lavorare di scalpello e lima, ma soprattutto di minaccia di astinenza, la più grande tragedia per l'essere umano di sesso maschile.

Provate a paventare lo sciopero sessuale, viceversa a premiare i risultati ottenuti con generose concessioni e vi renderete conto che avevano ragione gli intellettuali francesi del Settecento quando teorizzavano che: «Tira più un pelo di figa di un carro di buoi».

Oltre a questo sempreverde metodo vi illustreremo ora *Le 2 tattiche per addestrare un compagnodimerda alla cura del nido*:

1. Tornate a casa da lavoro alla stessa ora ma non si capisce per quale motivo l'uomo si aspetti che siate voi a preparare la cena/apparecchiare/cambiare i bambini, mentre lui, stanchissimo, ozia comodamente sul divano.

Qui è molto semplice, mie care: dovete solo batterlo sul tempo e accaparrarvi il divano e, soprattutto, il feticcio per eccellenza: il

Telecomando, con uno scatto fulmineo prima di lui! Nel caso in cui il vostro comportamento passivo-aggressivo non dovesse bastare a dissuaderlo dal formulare richieste, siete autorizzate a eliminare il «passivo» dal costrutto.

2. Dopo aver cenato il vostro cavaliere si alza da tavola per recarsi sul medesimo divano, lasciando tutto così com'è, dopo aver consumato il pasto da voi amorevolmente preparato e impiattato? La strategia vincente in questo caso è lasciare tutto esattamente com'è.

Attenzione: questa tecnica richiede self-control soprattutto se siete maniache dell'ordine, tuttavia uno shock di questo tipo farà bene anche a voi. Fingete di non vedere i piatti sporchi sul tavolo fino al giorno seguente o almeno fino alla domanda che, siatene certe, arriverà: «Cos'è 'sto schifo?». A questo punto sarà sufficiente rispondere: «Quale?», e continuare a ignorare il disordine finché il maschio alfa non si deciderà a provvedere egli stesso al riordino.

Perdurate nell'ignorare il disordine sera dopo sera, al fine di instillare nell'esemplare da addestrare un automatismo.

TU PARTORIRAI CON DOLORE

[Menzogne e verità]

Ci hanno sempre descritto i fatidici nove mesi come un momento magico nella vita di una donna. Ci hanno mentito. Tuttavia il momento in cui una mammadimerda in potenza si esplicita è la gravidanza.

Tra i vari strumenti di cui una mammadimerda dispone per colpevolizzarsi della sua inadeguatezza - sensi di colpa mondati con un'abbondante mano di auto-indulgenza - c'è sicuramente il paragone con le mamme fatte a mamme, le mammebene. Ma chi le ha inventate? Da dove vengono? E cosa vogliono da noi?

Non vi sarà difficile capire da quale parte della barricata vi collocate sin dal primo momento (nel dubbio, fate il test proposto nel capitolo *Quelli che ben merdano*).

I prodromi del merdismo nella mammadimerda si manifestano da subito, dai primi mesi della gravidanza.

La mente vola a quel periodo della gestazione in cui addormentarsi con la testa sul tavolo del ristorante e pisciarsi addosso erano all'ordine del giorno. Per non parlare del dopo, quando un colpo di tosse può risultare letale per la reputazione, perché si porta in giro un pavimento pelvico alla zuava.

Le serate passavano serene, piangendo sul divano davanti a *Ostetriche in sala parto*; fissi gli occhi terrorizzati sullo schermo, frignando a un futuro padre in fase Rem:

- Io questo non lo voglio fare.

Perché quando si concepisce un figlio non si pensa mica che la stessa persona dovrà anche partorirlo.

Ecco, scrivetelo sui preservativi, così da sfatare quest'ultimo tabù e a comprarli correranno le donne senza falsi imbarazzi.

True lies

I primi tre mesi di gravidanza di MdM2 sono banalmente segnati dalle nausee. Solo che a me non vengono la mattina, bensì la sera. Provo con lo zenzero, a ciucciare cubetti di ghiaccio, a manducare foglie di menta, ruttando Coca Cola a tutto andare. L'unica cosa che funziona per me è mangiare pane, focaccia, pizza. Ho sempre saputo che il carboidrato mi è amico. Solo che io non vomito. Quindi il carboidrato me lo trattengo tutto.

Il corpo umano è composto per il settanta per cento di acqua. Il mio di ritenzione idrica.

Dice: «È il tuo corpo che cambia». È il mio corpo che magna, più che altro.

Al sesto mese ho i piedi di Bilbo Baggins e ora comprendo perché gli Hobbit vanno in giro scalzi.

Ho persino provato a seguire un corso di Aquagym. Ecco, approfitto di questo libro per dire a tutte quelle che mi hanno fatto i complimenti per aver partecipato alle lezioni con una pancia così prima di essere cacciata, che tutti quegli schizzi li facevo con la bocca.

Chi potrebbe mentire alla propria ginecologa sul peso? Chi?

In verità vi dico: è possibile. Io c'ero. L'ho fatto per nove mesi. Ma lei se ne accorgeva lo stesso. Era evidente. Evidentissimo.

- Si spogli e salga sulla bilancia.

- Non è necessario. Il peso è quello che le ho detto.

- Salga a bordo, cazzo.

- ...

- ...

- Signora, lei mi deve prendere non più di un chilo al mese.

E io, MdM2, giù, fissa ad almeno 2-2,5. Mentendo spudoratamente anche di fronte alla pesata.

- Signora, lei rischia il diabete gestazionale.

E io, MdM2, uscivo dall'ambulatorio tutta contrita e mortificata, poi giravo l'angolo e rimettevo a posto la coscienza con un gelato allo yogurt da quattro euro, cioccolato bianco sotto e sopra.

Al mese successivo.

- Dottoressa, le giuro che non sto mangiando!

E dopo sette mesi di tonitruanti cazzate, dottoressa Simpatia ci mette una lapide.

- Signora, ma lei le ha mai viste le immagini dell'apertura dei cancelli di Mauthausen? Quelle erano donne che non mangiavano!

Perché una ha anche la ginecologadimerda che si merita.

Per fortuna ci sono anche dei ricordi teneri legati alla gravidanza. Ad esempio io ho quello di nonnadimerda (NdM2) che mi dice:

- Pari incinta pure dietro.

Finalmente questo strazio sul peso sembra giungere al capolinea con il primo monitoraggio in ospedale e - come credevo ingenuamente - l'imminente parto.

E invece.

- Signora quanti chili ha preso? (Una fissazione).

- ... tre.

- Come?

- Ventitré

- Mah, sembrano di più.

Mai mentire a un'ostetrica, soprattutto se le tue smagliature urlano la verità al posto tuo.

Giungiamo al momento del Grande Inganno: quello che tutte le donne mi descrivevano come il momento più bello nella vita di una donna. Io non so che vita abbiano avuto le altre, ma io ho una *mareeea* di ricordi più belli.

Arrivata in sala travaglio, vengo accolta da un urlo che prima di allora avevo sentito solo nei film dell'orrore. Ostetricadimerda mi guarda e, rassicurante come Trump quando ne spara una delle sue, afferma:

- Non è così. Sono usanze etniche.

[Che fossi stata poco poco più lucida un «checazzodici» non glielo avrebbe tolto nessuno].

Alla tredicesima ora di travaglio, svariati insulti irripetibili al compagno, dopo aver nominato tutti e novantanove i nomi di dio come nel *Corano*, invoco l'intervento di un veterinario per tirarmi fuori quello che a occhio e croce sembra un vitello.

L'ultimo ricordo che ho, dopo quella benedizione che chiamano epidurale, è una me stessa che, drogata come un cane, fa complimenti a tutto il blocco operatorio, saluta come il papa e, dicendo a tutti che sono bellissimi, chiede se si tratti di una puntata di *Grey's Anatomy*.

CORPOSITIVITÀ

[Un momento serio, ma sempre scanzonato]

Body Shaming: letteralmente significa «denigrare il corpo».

Far vergognare qualcuno per come è fatto è una forma di bullismo, una violenza perpetrata in special modo all'indirizzo delle donne: una forma di svalutazione sessista anche quando messa in atto da altre donne, che non hanno contezza di quanto siano intimamente plagiate da questo retaggio.

Ogni corpo si porta una storia dietro, spesso di sofferenza morale e/o fisica. Ma anche quando così non fosse, ciò che viola il Body Shaming è l'intimità. Il corpo è privato, anche se lo mostriamo con le chiappe all'aria e i capezzoli al vento.

C'è poi un discorso più squisitamente culturale, sociale e politico. Ciò che si mette in atto attraverso questa pratica è una svalutazione della donna, del ruolo che ricopre, delle capacità che ha, attraverso la mortificazione del corpo, che a quanto pare passa anche per il gusto nel vestire. L'aspetto fisico come rappresentazione del valore della persona è un giudizio riservato esclusivamente alle donne.

Sappiamo che per molte di voi questo discorso è di una banalità sconcertante, ma leggendo qua e là ci si rende conto che sovente siamo ancora lontane dall'interiorizzazione profonda di certi argomenti. Ma ce la faremo.

Nel parlare di merdismo e di una maternità svincolata dagli inutili cliché, dai luoghi comuni, dai giudizi, la nostra fenomenologia promuove un ideale di donna (anzi, di essere umano) ben preciso, alla quale i vestiti infilati a forza calzano strettissimi.

Ciò che ci hanno insegnato era sbagliato. È ora di dirlo forte e chiaro.

Per queste ragioni, questo libro ha deciso di sposare e di portare avanti la causa di quella che abbiamo chiamato Corpositività, che riguarda tutte tuttissime e, in particolare modo, sappiamo come il tema del corpo sia delicato durante e dopo una gravidanza. Ma pure prima non si scherza un cazzo. La Corpositività (neologismo dal sapore heideggeriano) non ha a che fare con la bellezza, è qualcosa che trascende l'accettazione. È la celebrazione di tutti i corpi, della gioia stupida di Esserci. Ha a che fare con l'accogliere, accogliere la propria unicità e restituirla con gioia e puro godimento per se stesse. È festeggiare la difformità, la diversità come ricchezza, come complessità, il riconoscimento della dignità del corpo femminile, il corpo delle donne su cui nessuno deve mettere più bocca.

Tempo addietro la Ministra Bellanova fu pubblicamente dileggiata su ogni social per l'abito scelto in occasione del giuramento al Quirinale. Vi vorremmo far vedere come accompagniamo a scuola le nostre figlie certe mattine. Ce l'hanno letteralmente sfrangiata con questo vestito.

È ora di dire basta a queste modalità e a un sistema di parametri non creato da donne né per le donne. Affinché si interrompa questa dinamica di svalutazione volgare e violenta attraverso la mortificazione del corpo.

Che almeno la volgarità sia per un fine nobile.

Siate corpositive e mandateli affanculo.

Siate merdiste. Sempre. Con il corpo e con la mente.

Ora andate e inadeguatevi. Ma restiamo unite.

Pedagogismo

LA PEDAGOGIADIMERDA

[Spunti peggiori per sentirsi migliori]

Conosciamo la filosofia della mammadimerda, che guarda a modelli peggiori per sentirsi migliore. Forse l'abbiamo addirittura inventata noi. È per questo che ora vi offriremo alcuni spunti.

Tutti noi fluttuiamo continuamente tra tre stati dell'Io: Genitore, Adulto, Bambino. Con i figli è fondamentale non indulgere nell'ultimo stato, innescando una dinamica Bambino-bambino potenzialmente atomica.

Esempio pratico.

Succede che MdM2 partorisca una figlia femmina, la Bambina senza sentimenti. Una figlia femmina precoce. Le bambine sono tutte precoci, ma questa a quattro anni è già in pre-adolescenza e ti viene sotto come Zidane e poi ti fa uscire generazioni di matti dal corpo. Allora tu, saggia, vai a cercare tuo marito e ci litighi, addossandogli tutte le colpe per mancanza di regole/conflittualità/caratteredimerda/surriscaldamento globale.

Arriva la sera, perché arriva, in cui il tuo Genitore interiore si sgancia con quell'inconfondibile rumore di palle rotte, mentre tua figlia urla con un ennesimo misterioso pretesto. Tu ti metti a urlare insieme a lei. E siccome lei ha quella voce acuta lì, non riesci a sovrastarla. E allora da persona adulta quale sei, prendi la seggiolina di Ikea e cominci a strusciarla sul pavimento per fare più rumore.

Nel mentre, il tuo compagno, l'Uomo che non deve cucinare mai, appoggiato alla porta della cameretta, guarda la donna matura con cui ha fatto una figlia, piegata in due su una sediolina di quaranta centimetri che continua a trascinare avanti e indietro sul parquet.

Questo non è funzionale. Questo è dadaismo.

Un'altra regola fondamentale è parlare con i figli. Non mentire loro, non stancarsi mai di spiegare le cose. Bisogna pure vedere come.

Una madre non direbbe mai:

- Ora mamma si riposa se no muore e tu rimani sola con papà.

Mai, mai. MAI.

Quando alle 7,30 tua figlia viene a svegliarti ma è sabato, tu non le dici:

- No, amore, vedi che è buio? È ancora notte, corri a letto che fuori ci sono i Mangiamorte.

No, no. NO.

Alla sera, al momento della nanna, ti dice:

- Mamma, ho scelto te per dormire.

Tu non puoi rispondere:

- Non posso, figlia. C'è Sanremo - pensando dentro di te: «Un giorno questo dolore ti sarà utile».

Non puoi, non puoi. NON PUOI.

Non mentire, non stancarsi di spiegare, anche di fronte alle questioni più ardue e ai temi più spinosi. Come spiegare la morte ai bambini?

- Mamma, ho tre anni. Fra un po' di tempo diventerò morta e volerò tra le stelle.

- E questo chi te l'ha detto?! (Risposta sbagliata).

- Tu.

- Ah (Risposta sbagliatissima).

Se al mattino le proponi di mettere la magliettina con l'unicorno e lei ti risponde:

- Va bene mamma. Però è il pigiama.

È inutile continuare a fingere. Dovete parlargliene. Sappiate però che ammettere il vostro merdismo con i figli vi metterà in una posizione di ricattabilità, soprattutto una volta adolescenti, quando comunque ve lo diranno loro. Millantate. Fingete di sapere cosa state facendo. Date sempre l'impressione di avere tutto sotto controllo.

Tuo figlio sta urlando perché non vuole mangiare? Tu non ne puoi più e sai che comunque la spunterà lui? Perché perdere in casa? Dai forfait! Alzati da tavola dicendo a tutti che hai dimenticato di mandare un'imprescindibile mail e chiuditi in bagno a guardare su Facebook come invecchiano bene i tuoi ex e le loro nuove compagne senza figli. Sarà sempre meglio che spaccare quel famoso piatto nel lavandino.

Altra situazione tipo, un altro momento di grande armonia familiare come la cena: la colazione.

C'è una bambina in salone che ha appena rovesciato il latte sul divano, urla come la Bertè che non vuole vestirsi. L'Uomo che non deve cucinare mai tentenna. MdM2 tenta un intervento sulla fascia proponendo la maglietta con l'unicorno, ma viene fischiata perché - ops! - è un pigiama. I Genitors sono in netto svantaggio, è un'impresa disperata. Ma il fantasista della squadra elude ogni metodo educativo e fa il passaggio decisivo:

- Se ti vesti, papà ti fa vedere un cartone.

Ed è goal! Giocano bene questi!

E tanti cari saluti a Maria Montessori, Rudolf Steiner e pure a Eduard Estivill, che ce le ha fatte alla pizzaiola.

MARIA MONTESSORI MAMMADIMERDA IN POTENZA

[È la pratica a strutturare il metodo]

- E quando la sera ti metti nel tuo lettino, mamma e papà ti danno tanti...?
- Calci.
Perfetto

Noi, essendo animali evoluti, pensiamo di dover avere un approccio diverso al tema della genitorialià e chiamiamo in causa illustri pedagoghi fino a scomodare sua maestà Maria Montessori.

Analizziamo allora più da vicino questa figura mitologica.

Oltre a essere la teorizzatrice del famoso metodo che tutte noi seguiamo pedissequamente, Maria è stata la terza donna laureata in Medicina in Italia.

Nel 1896, sostenuta nelle spese di viaggio dalle operaie della sua città natale, Chiaravalle - ché sarà pure stata un'illuminata, ma da buona marchigiana sui soldi evidentemente scherzava poco -, partecipa al Congresso femminile di Berlino, in cui propugna il diritto alla parità salariale tra donne e uomini. Sono dunque appena centoventitré anni che ne parliamo senza risultati.

Nel 1913 il *New York Tribune* la definisce «la donna più interessante d'Europa». Chiara Ferragni ti scansi un attimo?

Educatrice, pedagogista, filosofa, medico, neuropsichiatra e scienziata, fu anche madre single di un bambino avuto in segreto da un collega che poi elegantemente sposò un'altra, motivo per cui la creatura venne celata e affidata per quattordici anni alle cure di un'altra famiglia.

Ed è qui che ti volevo, Maria! Senza nulla togliere al tuo genio e al tuo impegno, tu, Dottoressa Montessori, ti sei risparmiata (in ordine): le notti in bianco, lo spannolinamento, le diarree a spruzzo, i *terrible two*, le malattie esantematiche, l'inserimento, le chat dell'asilo, le tabelline e anche il padre. Tutti questi fattori insieme a molti altri ti avrebbero probabilmente portata a un superamento del tuo metodo approdando in grande relax a un definitivo mammadimerdismo.

Ma siccome il tuo fascino è immenso, tutte l'abbiamo subìto, soprattutto nei nove mesi di gravidanza che sono stati gli ultimi in cui abbiamo potuto prendere un libro in mano e addirittura leggerlo.

Così, MdM2, incinta, appronta la cameretta del nascituro secondo tutti i crismi, obbligando l'Uomo che non deve cucinare mai a segare le zampe dei mobili affinché siano a misura di bambino e dotandola di giochi educativi in materiali rigorosamente naturali. Fa un proclama *urbi et orbi* a parenti e amici per informarli della scelta, dando indicazioni precise in merito ai regali e riempiendosi a sproposito la bocca con il *Grande Metodo*.

Ciò che MdM2 non ha considerato è la genetica. MdM2 partorisce una specie di Fiona che fatica a sedersi sulla miniseggiolina e a stento infila le gambe sotto al tavolino dei puffi. Ma soprattutto non ha valutato la variabile impazzita X, nonnadimerda, che alla prima occasione si presenta a casa con Minniedimerda gigante luci-suoni-colori. E non c'è verso di arginare la generosità senza freni di neo nonnadimerda, fino al colpo di grazia definitivo anche a tutti i principi femministi: la mini scopa con paletta che sulla confezione recita: «Brava come la Mamma!» (a parte che nel caso specifico sarebbe stato più corretto scriverci «Sempre meglio di tua madre!»).

Marì, noi ci abbiamo provato.

STRATEGIE AUTOCONSERVATIVE DI UNA MAMMADIMERDA

[Sopravvivere alla coerenza sovrana]

Morpheus: - Pillola rossa o pillola blu?
Mammadimerda: - Tutte e due per quattro volte, grazie.

1. A parte qualche folgorata alla quale non è ancora sceso l'effetto dell'Lsd preso durante l'adolescenza, generalmente la mammadimerda odia i parchi tematici, siano essi dentro o fuori i confini nazionali. Piuttosto che andare a Disneyland Paris preferirebbe partecipare alla cena di classe delle mamme.

Ecco quindi che, per superare indenni l'infanzia dei figli senza dovervi recare in quello che considerate l'undicesimo girone infernale - quello dei sempre entusiasti -, MdM1 ha messo a punto un astuto piano.

Procrastinate la gita adducendo scuse verosimili: il parco è in ristrutturazione; è bruciato come Notre Dame; è chiuso per motivi igienici. È essenziale in questa fase scegliere oculatamente gli amichetti da frequentare, è evidente infatti che l'impalcatura di bugie crollerebbe miseramente qualora uno di essi dovesse mai venirci portato da una mammabene. Sondate con nonchalance le intenzioni dei genitori degli amici dei vostri figli e, ove mai doveste riscontrare una minaccia, ostacolate la relazione tra i pargoli con tutti i mezzi a vostra disposizione.

2. Individuate donne sole, senza figli, possibilmente benestanti, che abbiano ancora una visione idealizzata del bambino, per regalare loro pregiati momenti di esclusività con la vostra prole, in modo da godere di un po' di tempo tutto per voi in solitudine e magari monetizzare con un lascito testamentario. Dovete agire rapidamente, però, e sbaragliare l'agguerrita concorrenza, sfruttando la finestra temporale che si apre tra i muscolosi ragazzi giamaicani e le badanti dell'Est.

Attenzione! Non utilizzare la stessa risorsa per più di tre volte consecutive, pena la rovinosa caduta del soggetto in questione nel mondo reale; potrebbe scoprire infatti che i bambini sono stronzi e perdere interesse!

3. Prendete la ludica abitudine di scandire il tempo che passa in modo leggermente diverso dal solito; anziché decorare le torte di compleanno dei vostri figli con il numero corrispondente all'età che compiono, celebrate gli anni che mancano ai diciotto, quando verosimilmente sarete fuori dal tunnel dell'accudimento filiale. Ecco, quindi, che il sesto compleanno del vostro bambino si trasformerà simpaticamente nella festa dei meno dodici!

4. Imparate a simulare malori improvvisi per ritagliarvi un *Me Time* chiuse a chiave in bagno. Se siete dotate di suoceri o genitori nelle vicinanze, approfittatene senza sensi di colpa. Vi ricordate quanto tempo avete trascorso voi con i vostri nonni? È giunto il momento di saldare il debito generazionale.

5. Non demonizzate la Tv e soprattutto ricordatevi che toglierla ai vostri figli equivale a punire voi stesse, quindi quando sarete arrabbiatissime optate per altre privazioni che non abbiano una ricaduta negativa su di voi. Negate pure dolciumi, gite, giochi ma non castigateli con la privazione di quell'oretta di cartoni dopo cena o ve ne pentirete amaramente.

6. Mandateli al Nido, anche se ha costi proibitivi. Quei soldi li spendereste comunque in terapia più avanti.

7. Preparare pasti equilibrati ogni maledetta sera è sfinente. E oggi che cosa cucino? E i carboidrati e le proteine, le fibre, la frutta, il pesce maledetto che contiene quella cosa che fa bene anzi è indispensabile, gli omega 3, certo, la frutta secca, le vitamine, i legumi che sono meglio della carne che è farcita di antibiotici, poi ci viene la farmaco-resistenza e dopo tutto questo sbattimento moriamo per colpa di una cotoletta di troppo. Stasera una tazza di latte e biscotti andrà benissimo.

8. La vodka non basta, ma aiuta.

LA PEDAGOGIA DI MAMMADIMERDA

[È la pratica a strutturare il metodo. Sì, ancora]

TIP #1 - Dammi solo un minuto, un soffio di fiato

Se volete cinque minuti tutti per voi ma non sapete come evitare le incessanti richieste dei vostri pargoli («Mammaaa, guardaaa! Mammaaa, vieniii! Mammaaa, dov'è l'unicorno? Non questooo, quello violaaa!»), provate con la seguente strategia.

Scegliete qualcosa fuoriposto a caso, l'importante è che l'autore del disordine sia il suddetto infante, dopodiché cominciate a chiamarlo a gran voce «Figlio! Vieni a riordinare il cassetto/letto/libreriaaa!!!».

Vedrete come, dopo appena due richiami, non sentirete più fiatare nessuno per almeno mezz'ora! E potrete dedicarvi alla tanto anelata seduta sul gabinetto in solitaria (certo, perché che altro pensavate di fare?).

TIP #2 - L'uniformità nei piatti

Per ottenere che le erinni e la loro amica non-le-piace-nulla-ma-per-fortuna-non-è-figlia-mia mangino la stessa cosa senza i soliti snervanti capricci («La pasta al sugooo? Nooo, la volevo bianca!!! Ma volevo il piatto rossooo!!! Hai messo il parmigiano, non la mangio!!!»), preparate quella dannata pasta al sugo, mettetela nel piatto che preferite, spolveratela di parmigiano e datela a una sola delle tre str... ehm... bimbe, dicendo che è solo per lei, che loro se vogliono potranno mangiare solo un pochino di pasta in bianco avanzata. Otterrete un immediato effetto bastian contrario che le porterà a supplicarvi per avere quella che fino a cinque minuti prima era considerata la peggiore schifezza del mondo.

Possiamo riassumere questo fine metodo pedagogico con la frase: «Quando troppo è poco, dai di meno».

TIP #3 - Qualcuno volò sul nido del cuculo

L'igiene dei tuoi figli lascia a desiderare? Anche tu come MdM1 cominci a chiedere loro di lavarsi le mani dieci minuti prima che sia pronta la cena, innescando un'escalation che parte dall'amorevole sussurro e arriva all'imprecazione urlata da soprano mancato (per tutti tranne che per i vicini, loro sanno della tua carriera mancata)?

Mantieni l'aplomb, sfodera il telefono, cerca su google «coltura batterica» e mostra le agghiaccianti immagini alla prole recalcitrante. Effetto shock assicurato. Per un po' potrete risparmiare la voce.

TIP #4 - Totem e tabù

Non mettere mai via l'aerosol. È scientificamente provato che riporlo pensando di aver superato l'inverno e i malanni stagionali causi un'immediata recrudescenza del catarro. Anche se ormai è giugno.

TIP #5 - «Cambia il tuo nome. In fondo, che cos'è un nome?»

Vostro figlio odia i pomodori. Ma se non li riconosce li mangia, il gusto gli piace. In realtà, se anziché pomodori li chiamate ciliegini li adora, quindi il problema potrebbe essere nel nome: po-mo-do-ro in effetti non suona molto commestibile. Ma il fatto che ieri ne abbia divorato mezzo chilo non significa affatto che continueranno a piacergli anche oggi, poveri illusi!

TIP #6 - Il banchetto di Trimalcione

Cosa fondamentale durante i pranzi delle feste è assicurarsi che i bambini si ingozzino tanto quanto te. Perché poi il rischio è quello di rincasare, buttarsi sul divano stanche come scrofe che hanno appena partorito e sentirsi dire: «Mamma, ho fame». Vorrebbero addirittura cenare. E tu non hai nemmeno portato a casa gli avanzi.

TIP #7 - *Daniel-san*: metti la cera, togli la cera

La soluzione perché i bambini smettano di correre in casa?
La cera. Se corrono al secondo sgambettamento volano per terra! Ora camminano tutti a passo felpato con il terrore di spaccarsi una costola. Un effetto collaterale divertente è che potrebbe cadere anche il papàdimerda. Il sospetto è che questo metodo fosse largamente utilizzato già dalle nostre nonne: *memorare iuvat*!

Scuolismo & igienismo

ASILO REPUBLIC

[Ma non è una democrazia]

Vivo in una Regione in cui le scuole chiudono anche per le feste di Carnevale. Perché è chiaro che Dio, nella sua immensa avvedutezza, si sia semplicemente attenuto a dare una vaga indicazione quando nella Bibbia dice: «Donna, tu partorirai con dolore». Altrimenti se ci avesse fatto lo spoiler di tutti i ponti scolastici, gli scioperi, le malattie esantematiche, le otiti, i vomiti, l'acetone per cui ti saresti profumatamente pagata malattie bambino, congedi parentali e baby sitter - senza nominare le partite Iva - facendoti il culo doppio, saremmo andati tutti a procacciarci il cibo con il sudore della fronte. La Terra disabitata nell'arco di quarant'anni e via. Ma con delle rigogliosissime piantagioni.

Sorvoliamo sul Nido, perché tanto lo vedrete solo agli *open day*. Vostro figlio starà male quattro giorni a settimana. Il quinto non lo farete uscire per precauzione. Gli altri due pioverà. Però potrete parlare con cognizione di quanto costa un Nido privato e unirvi al coro di tutte quelle che lamentano la scarsità - per usare un eufemismo - di Nidi comunali.

Il primo anno di Materna fai le vere presentazioni con il sistema scolastico e viceversa.

Lo psicodramma inizia con una cosa chiamata *inserimento*.

MdM2 dice NO a questa pratica barbara dell'inserimento. Questa è Sparta!

Una, due settimane, due ore al giorno, poi mezza giornata, forse dopo un mese riesci a lasciare tuo figlio a scuola. Che probabilmente si ammalerà.

Dopo una settimana di inserimento all'asilo, più o meno ho inquadrato la situazione all'entrata. E la situazione ha inquadrato me.

Allora, ci sono:

- Le mamme fatte a mamme. Portano i bambini, li cambiano, li baciano, vanno a lavorare leggermente scazzate.

- Le veterane. Sono già almeno al secondo anno di asilo, ostentano grande sicurezza e confidenza, hanno dei figli altissimi.

- I nonni. Sottocategoria scivolosa. Giudizio sospeso: nonni bene o nonni male?

- I papà con il Suv e la cinta. Tu non esisti. Il problema non esiste. L'asilo non esiste.

- Le benzodiazepine. Evoluzione delle pancine, portano i figli, li salutano, li baciano. Li ribaciano. Vanno a lav... cuore con le dita. Vann... aspetta, ti busso dal vetro. Ribacio.

Poi ci sei tu, MdM2. Sempre con quei cinque minuti giusti di ritardo; quando sei in grande spolvero, anche un quarto d'ora. Per la seconda settimana ti sei dimenticata le foto tessera da attaccare sull'armadietto e ieri sera hai fatto una corsa al supermercato alle 19,55 a comprare un grembiulino - sbagliato - perché ti sei dimenticata di lavare l'altro - anch'esso sbagliato: quando tutte le bambine ce l'hanno a quadretti, la tua ne ha uno rosa con una pezza di Frozen farlocca e uno con una fata ricamata male con l'occhio sblindo.

La veterana appena rientrata dalla ferie con il figlio quattrenne ma già velistissimo, abbronzatissimo, biondissimo e il colletto della polo alzato «con il colpo di vento», ti squadra dalla testa ai piedi and back. Kaffèèè?! 1!?

Ma oltre alla mamma del piccolo Pierre Casiraghi, MdM2 incontra tutti i giorni un'altra mamma fatta a mamma, ma più bella, più sorridente e, nascostamente, MdM2 la osserva. La studia come l'entomologo.

A un certo punto MdM2 confessa con un misto di ammirazione e (solito) senso di inadeguatezza:

- Tu sei sempre così calma.

- Sì, è vero.

- Tua figlia sempre in ordine.

- Modestamente.

- I tuoi capelli così capelli.

- Grazie, qualunque cosa voglia dire.

- Non sei tanto puntuale, ma anche i tuoi ritardi sono molto aggraziati.

- Sei gentile.

- ...

- Soffro di attacchi di panico.

«Saranno due anni bellissimi», pensa MdM2. Poi ha scoperto che la Materna dura tre anni e non due. E con questo, le presentazioni sono finite.

Dunque. Tutte le mattine all'entrata della Scuola materna ti pregi di far parte del gruppetto dei genitori ritardatari che vengono mortificati dalle maestre.

Alle 9,04 sgattaioli fuori alla vigliacca e incroci un'altra poveracciadimerda che correndo ti chiede:

- Hanno già fatto il cazziatone?

Più o meno all'uscita si ripete la stessa scena, perché se non arrivi all'ultimo in extrasistole, godi solo a metà. Prima di andare via c'è un'altra piccola mortificazione che ti aspetta.

Settimana 3, Anno I.

- Signora, si ricorda di portare le foto tessere?

Settimana 4, Anno I.

MdM2: - Che carina la foto sull'armadietto. L'ha portata mio marito stamattina?

Maestra: - No. L'abbiamo scattata e stampata noi durante la ricreazione.

Urliamo a gran voce a quelle che portano tutto ciò che c'è scritto nell'avviso il giorno successivo, che non riusciranno a farci sentire più inadeguate di quanto siamo già. *Sha-la-lla-lla-la-là*.

Esordire alla prima riunione dell'Asilo con un «Che pienone! Regalano la droga?», potrà forse stemperare la tensione per l'assenza di parcheggio, ma non vi aiuterà a farvi nuovi amici tra i genitori. No.

Nonostante ciò, al momento dell'elezione del rappresentante di classe, *thriller*: viene pescato un foglietto con il tuo nome. Ti alzi indignata denunciando la presenza di franchi tiratori e dicendo che certi scherzi non fanno ridere. Che tu tutto questo impegno non lo gestisci proprio a livello emotivo.

Voglio dire, di Angelina Jolie ce n'è una. Sei bambini, tre adottati e tre nati dalla relazione con Brad Pitt: Anas, Aiscat, Societàautostrade, Pisolo e i due gemelli Shimmer and Shine. Tre divorzi alle spalle, due Oscar e tre Golden Globe, è pure ambasciatrice delle Nazioni Unite.

Tu: diversi ex fidanzati di cui alcuni nemmeno consapevoli di aver avuto una relazione con te, te la gestivi abbastanza bene da sola; un ex marito, un quasi coso, interregno, un compagno; una spilletta ricordo dei Giochi della Gioventù, un attestato di partecipazione al corso di disostruzione pediatrica che va più della birra artigianale e ti sei guadagnata sul campo l'omaggio della rivista *Il bambino è tuo e ora sono tutti cazzi tuoi,* che comprendeva ben tre salviette umidificate, un adesivo e la cartolina per abbonarsi.

Angelina dichiara di aver avuto una gioventù movimentata, di aver assunto entro i vent'anni tutte le droghe indispensabili alla crescita dalla A allo Zinco, di aver tentato il suicidio due volte, di aver assoldato un killer professionista per farsi ammazzare e di aver subìto un ricovero psichiatrico per un forte esaurimento nervoso. Due anni dopo, coerentemente adotta il primo figlio.

E da lì in poi non si ferma più, sublimando in modo ecumenico una dipendenza con un'altra. Sei figli, sei svezzamenti, sei spannolinamenti. Con una mano dà il biberon, con l'altra smina un campo.

No, scusate, non me la sento proprio di fare la rappresentante di classe.

Quando eravamo bambine, maggio era il mese prima delle vacanze in cui la preoccupazione più grande erano le interrogazioni di recupero matte e disperatissime; era il mese dei ponti, era, che ne so, il mese mariano all'oratorio, era il mese delle rose.

Da quando sei diventata mamma maggio è il mese delle recite, delle chat scolastiche infuocate, dei regali alle maestre, delle pizzate con la classe, della pianificazione delle vacanze perché ovviamente non sei per un cazzo organizzata e non le hai prenotate a gennaio come tutte le persone col cervello; è il mese della gestione dell'imminente emergenza «fine della scuola», della call of duty a tutti i nonni anche immaginari, delle bestemmie quando leggi quanto costa il centro estivo.

Maggio mese dei cazzi con la fotocellula: più ti muovi e più sei fottuta.

Nella chat dell'asilo arriva un messaggio: la maestra Daniela si sposa. Gioia collettiva. Grande entusiasmo.

- Perché non portiamo tutti i bambini in chiesa?

Chi non desidererebbe cinquanta bambini al proprio matrimonio? Chi? Chi!

- Cosa le regaliamo?

Un esaurimento nervoso, a occhio e croce.

Ma oltre a questi quesiti già scabrosi, da giorni MdM2 si pone un'altra domanda: chi cazzo è la maestra Daniela?

A seconda del mese, la chat scolastica regala sempre grandi momenti di perplessità stagionale.

Ottobre. Le maestre ci informano che giovedì i bambini faranno la vendemmia e ci pregano di portare un grappolo d'uva. Una mamma chiede rossa o bianca.

Ti stai godendo quel momento dell'anno in cui ricatti e minacce funzionano che è una bellezza, alla frase magica «Guarda che Babbo Natale ti sente». Ordine e disciplina vengono ripristinati manco fossimo nella Ddr e l'amato pancione un funzionario della Stasi; tu la spendi sconsideratamente e senza parsimonia, questa frase, sentendoti per una volta un'educatrice straordinaria. All'improvviso il messaggio nella chat della scuola in un mercoledì 25 novembre qualsiasi:

- Cosa regaliamo alle maestre?

E la bolla di magia esplode.

(*Keep Calm*: dopo le feste, fino alla fine di gennaio, siamo ancora nella zona Cesarini in cui poter dire «Babbo Natale ti sente e viene a riprendersi tutto»).

Un altro capitolo a parte meriterebbe l'argomento Gite.

La Bambina senza sentimenti, figlia di MdM2, è andata con l'asilo a visitare la chiesa. Ha rubato i soldi delle offerte come in una canzone degli Squallor.

Poi ha annunciato che servivano al padre. Da allora abbiamo cominciato a scegliere con attenzione dove e quando mandarla. Ma tanto già dalla riunione hanno cominciato a guardarci con sospetto.

MdM1: - Oggi non ho mandato a scuola la minore, sta male.

MdM2: - Davvero? Cos'ha?

MdM1: - La tosse.

MdM2: - ...

MdM1: - ...

MdM2: - ...

MdM1: - Non è vero, non avevo voglia di accompagnarla all'asilo e siamo rimaste a letto fino alle undici.

Indovinate chi era l'unica bambina con la tunica non stirata alla recita di Natale.

È facile, però: non si vince niente.

Alla convocazione domenicale per la bancarella delle torte, buttati a terra e fingi la morte.

- ... Domani magari vado a prenderla a scuola prim-ahahah.

ELEMENTARI, WATSON

[Rimpiangere l'asilo, o forse no]

Decalogo di MdM1 alle prese con i Primi giorni di Prima elementare della Primogenita (Ppp), anche nota come figlia1, i nomi propri di persona risultano ridondanti quando si hanno più figli, creano confusione, aveva ragione vostra nonna quando vi chiamava con il nome della cugina.

1. Per il primo giorno di scuola, dimenticarsi di dare la merenda alla propria già magrissima creatura, ottenendo il nulla affatto colpevolizzante rimprovero: «Mamma, tutti i miei compagni mangiavano la merenda e io no».

2. Cedere al capriccio della neoscolaretta e comprarle esattamente lo zaino che vuole, 100×150 cm, alto più di lei, che la fa assomigliare a uno stercorario con la palletta di cacca, ma sulle spalle.

3. Dimenticare il medesimo zaino a casa e sopperire al vuoto di memoria con un recupero matto e disperatissimo, che non la esonererà tuttavia dalle occhiate di scherno del bidello e delle mamme che spettegolano fuori dalla scuola a cancelli chiusi.

4. Accorgersi il lunedì mattina, dopo il lungo weekend, di una scheda di compiti da terminare a casa, resistere all'impulso di farlo al posto della figlia (per la falsificazione dei compiti abbiamo tempo) e pungolarla durante la colazione affinché la termini tra un sorso di latte e un morso al biscotto.

5. Scoprire, grazie alla telefonata di un'altra mamma, che nello zaino suddetto vivono da giorni una serie di scorie alimentari come prugne, panini, pomodori avanzati, che le maestre spediscono quotidianamente a casa per evitare sprechi.

6. «Mamma, la maestra ha detto che devi foderarmi il diario».

7. «Mamma, anche oggi la maestra ha detto che devi foderarmi il diario!».

8. «Mamma, se non mi foderi il diario nemmeno oggi la maestra mi sgrida!».

9. Scordarsi del giorno della frutta e dotare la propria pupilla di una crostatina alla nutella quando tutti gli altri bambini mangeranno la mela marcia bio.

10. Insistere perché al mattino, vista la *bisa* settembrina, la figlia indossi maglietta a maniche lunghe, felpa e impermeabile. Recuperarla alle 16 con sole spaziale e 32 gradi madida di sudore e incazzata come una biscia.

Sì, la Ppp è una prova difficile da superare, ma sopravvivere al Nido e alla Scuola materna conferisce a ogni mammadimerda un certo coraggio.

Ricordo ancora con vergogna l'anno in cui al Nido decisero che far ballare i bambini fosse superato, out, molto meglio far ballare i genitori! Giorni di prove di passi sconclusionati da mamme refrattarie e intimidite, con lo stesso entusiasmo di chi si appropinqua alla forca, fatta eccezione ovviamente per le solite due o tre Jane Fonda in metanfetamine folgorate dalla bellezza del *Gangnam Style*, guardate dalle altre con un misto di invidia e disgusto. Donne coraggiose, zompettanti, scoordinate, esposte al pubblico ludibrio, mentre figli ingrati e incoscienti di tale sacrificio, figli che avrebbero dovuto impersonare cappuccetti rossi, lupi, pecorelle o al limite alberelli, giocavano sereni, ignorando completamente l'atto di amore materno più estremo: la perdita della dignità.

L'anno dopo, invece, no. L'anno dopo, all'asilo, va peggio. Il compito che i poveri genitori afflitti si sono visti assegnare rasenta il reato di tortura.

Per una settimana in bacheca campeggia il seguente avviso (leggersi con spiccato accento tedesco):

Affiso ai genitori: Per festa fine anno, colorare e ritagliare disegno proprio pampino, YAH, cucire su maglia pianca. Portare suddetta maglietta appesa a gruccia. Costruire aqvilone con materiale recupero (aqvilone comprato, RAUSS!). Festire pampini con conna o pantaloni blu. Genitori defono indossare abiti comodi per giocare a rubabandiera. E correre per creare fento per far folare aqvilone. Festa inizio tassatifo ore 16,25.

Per tutte domande clemenza, risposta è NEIN!!!

Allora, felicissima che voi maestre abbiate tutta questa fantasiosa inventiva. Però perdonatemi, quest'anno non posso, quest'anno ho un viaggio di lavoro, vi lascio però il papà. Sì sì, fate di lui ciò che volete, corre veloce, fa vento, non troverà la gonna blu ma immagino che celeste vada bene lo stesso.

Tornando alla Ppp. Mi siete simpatici, care lettrici e cari lettori, per cui non vi racconterò nel dettaglio lo strazio serale per le due (due di numero) operazioni che figlia1 doveva terminare per compito stasera. Vi riassumo la cosa velocemente: un bradipo ubriaco esanime ci avrebbe messo lo stesso tempo per correre una maratona di quello impiegato da mia figlia per fare 3×4 e 6×7.

Quando pensavo che ormai fosse finita, pregustavo già la bottiglia che avrei stappato per festeggiare, viene fuori che invece bisogna ancora temperare le matite.

Da quanto tempo non temperate le matite? Vi ricordate che simpatico lavoretto sia? *Scrush, scrush, scrush,* gira gira gira, la tiri fuori e la mina non c'è più. Fagocitata dal temperino. Dissolta. La matita ora al suo posto ha un cratere profondo un centimetro. E allora ricominci: *scrush, scrush, scrush,* gira gira gira. Hai i crampi, ma non puoi smettere, non vuoi vedere a che punto sei, preferisci sperare che manchi poco per automotivarti. Finché non *scrusha* più. Allora la tiri fuori. Una punta acuminata bellissima. Ma poi la tocchi, perché sei una testarda verificatrice di punte; traballa. Traballa, capite? Punta fasulla bastarda!

Non puoi fingere, ormai lo sai, solo i vigliacchi battono in ritirata a questo punto, riponendo la finta matita acuminata nel portapenne e lasciando che figlia1 se la veda da sola l'indomani, quando pigiandola sul foglio schizzerà via come un proiettile. Non ci ho neanche pensato giuro! Per cui estraggo la mia bellissima e ingannevole punta e ricomincio. *Scrush, scrush, scrush*. Figlia1 ha recuperato lo spirito e se la ride di brutto.

Scrush, scrush, scrush. ventidue matite. Se vi serve segatura tenetemi presente.

Per evitare di farvi riconoscere subito come le mammedimerda che siete, eccovi qualche piccolo accorgimento elaborato in base agli errori più eclatanti commessi nella delicata fase di Ppp:

1) Avete scritto il nome di vostro figlio su ogni matita, ogni pennarello, ogni pidocchio che porterà a scuola? Se sì, chiudete immediatamente questo libro, il titolo «mammadimerda» non ve lo meritate. In caso contrario, avete ancora tempo, noi ad esempio lo stiamo facendo adesso (ovviamente il primo giorno di Prima

elementare della mia primogenita è passato, ma io, MdM1, sono madredimerda archetipica).

2) Ricordatevi di dare la merenda a vostro figlio, non si sa come ma le altre mamme sanno di doverli dotare di cibo e lo faranno, per cui, a meno che non vogliate che escano urlandovi: «Mammaaa, ero l'unico senza la merenda!», facendovi sentire peggio di ciò che siete, provvedete immediatamente.

3) Sì, ragazze, la merenda mettetela nella cartella adesso che domani vi dimenticherete.

4) Dotateli di una borraccia d'acqua. Avranno sete. Vedi punto 2.

5) Non affidatevi alla memoria: controllate ancora una volta il giorno in cui incomincia la scuola.

6) Non affidatevi alla memoria: controllate che effettivamente comincino all'ora che pensate di ricordare.

7) Andateli a prendere all'ora giusta.

8) Lasciate lo zaino davanti alla porta; sembra incredibile, ma probabilmente non vedendolo domattina potreste dimenticarlo (*true story*).

9) Vestite i vostri figli a strati: la mattina fa fresco ma è ancora estate, per il pile avrete tempo.

10) portate occhialoni scuri per nascondere le lacrime. Perché domani si piange (di Gioia! *Ça va sans dire...*)

Cosa sarebbe l'inizio dell'anno scolastico senza le attività ricreativo-sportive pomeridiane? Una passeggiata lineare, piacevole, in discesa, a cui manca, però, quel pizzico di adrenalina in più. Il problema è che l'attività ludico-ricreativo-sportiva pomeridiana è scandita dai saggi. E quelli sono un overdose di adrenalina.

MdM1 scopre con raccapriccio, durante una chiacchierata tra mamme, che per il saggio di danza è prevista la produzione di un costume per le erinni. Il tema è *Gitane di Notre Dame de Paris*.

A MdM1 viene subito in mente una zingara un po' zoccola. Così, mentre inanella una serie di idee grottesche o irrealizzabili viste le scarse capacità sartoriali del gruppo, schivato il vaffanculo lanciato alla mammabene che ha già prodotto un manufatto perfettamente aderente alle richieste, improvvisamente la svolta arriva dalla suocera russa di una delle mamme, che timidamente si propone.

- Vado in campo rom e chiedo a zingari!

MdM1 si sente subito più vicina a Voltaire e all'Illuminismo tutto.

E poi, ci sono i compiti...

Protagonista: figlia1.

Scrivi il soggetto negli appositi spazi:

.... giocano e ridono.

- I bambini! - esclama senza nemmeno pensarci.

.... riordina e pulisce.

MdM1 esulta. Finalmente ha trovato un esercizio sessista e retrogrado e avrà qualcosa da scrivere in questo suo libro, perché adesso figlia1 scriverà «mamma», e allora sì che farà denuncia sociale. Ma chi l'ha scritto questo sussidiario, Adinolfi? E invece il papà cosa fa? Si mette la cravatta e va in ufficio? Scommette. Anni di lotte e guardala qui l'equità che si infrange sull'esercizio di un libricino delle Elementari, come uno scoglio che argina il mare.

Invece:

- Io! - esclama la piccola bugiarda.

- Tuuu? Aver buttato una volta la carta della caramella nella spazzatura senza che ti venisse richiesto almeno tre volte non fa di te una riordinatrice seriale e comunque non concorda con il tempo verbale!

- Anna! - prosegue spietata, nominando la signora che viene ad aiutarci in casa.

- Sì, ma non la conoscono, mica puoi scrivere un nome proprio! - supplica a questo punto MdM1.

- Allora ci sono: impresa di pulizie!

- Ma non ci sta! - risponde MdM1 piccata e offesa dalla totale assenza di considerazione.

L'accordo viene raggiunto sulla parola Colf, che suonerà forse un po' snob ma è corto e, soprattutto, indica correttamente la professione che svolge i compiti di riordino e pulizia.

Terremo il soggetto «mamma» nel caso in cui dovessimo imbatterci nella frase:

.... parte per un viaggio di lavoro e guarda Netflix.

PRONTUARIO DI SALUTE E IGIENE

[Siamo fatti così, di merda]

La fatina dei denti non abita più qui (altro dente, altra fata)

Figlia1 perde l'ennesimo dentino. Tutta fiera mostra il trofeo a tutto il vicinato:

- Stanotte verrà la fatina dei denti, che bello!

Prima di andare a dormire mette il dentino nella solita scatolina di fianco al cuscino e si addormenta speranzosa (dopo aver fatto la lotta del solletico con MdM1, la quale la colpisce inavvertitamente con un calcione, ma questa è un'altra storia).

Da qui in avanti SPOILER ALERT! Continuate la lettura solo se avete compiuto undici anni.

Dovete sapere che tra i vari superpoteristronzi, MdM1 annovera anche quello della fatinadeidentidistratta, e infatti subito dopo aver dato la buonanotte alla piccola erinni si siede sul divano per guardare finalmente quello show alla t... *zzz*, addormentandosi all'istante.

Si ridesta solo per trascinarsi nel letto, tra un'imprecazione e l'altra; sappiamo tutti che non c'è prova più dura dell'interruzione del sonno per cambiare location, pare che venga usata come strumento di tortura a Guantanamo e che abbiano scoperto così dove si nascondeva Bin Laden.

Alle prime luci dell'alba, figlia1 salta giù dal letto e viene in camera.

- Mamma, ma la fatina dei denti non è passata...

La delusione è palese. Il cuore di MdM1 si sgretola in mille colpevoli pezzi, quando ecco, l'idea geniale del dormiveglia.

- Forse si è spaventata perché tuo padre russa troppo forte! - perché dietro ogni mammadimerda si cela una mogliedimerda. Figlia, sono sicura che un domani questo trauma ti sarà utile. Intanto come lo vuoi il motorino, rosa o rosso?

Parassiti, pidocchi e altri disastri

Ogni anno, dopo una settimana di scuola, compare l'avviso di presunti casi di pediculosi. Non si capisce se sia una modo di fare prevenzione o se i pidocchi passino l'estate sui banchi di scuola aspettando l'apertura di settembre.

Appena divulgata la comunicazione entrano in gioco le spidocchiatrici.

Eccone la casistica completa:

1) *American Sniper*. Individua i pidocchi come un cecchino. Il 28 agosto lei è in grado di vedere i pidocchi del 13 settembre. In presenza di corpi estranei (uova, pidocchi, forfora, forcine), lei spara.

2) *L'informatrice del Farmaco*. Se alle 14,19 una mamma scrive sul gruppo whatsapp che ha notato le uova sulla testa del figlio, alle 14,20 l'informatrice del farmaco ha già postato otto foto di prodotti per prevenzione e trattamento. In casa ha quasi sempre delle Rapunzel e cerca accanitamente di scoprire il paziente zero, il portatore di pidocchi della classe. Ovviamente il paziente zero non è mai suo figlio perché con l'odore di tea tree oil non gl si avvicinerebbe neanche un rottweiler a digiuno da sei mesi.

3) *La Volenterosa, ma non si applica*. Compra il prodotto per la prevenzione, lo spruzza per tre giorni ma, dal quarto giorno, lo lascia sulla mensola del bagno a prendere polvere. Quando il figlio torna a casa con i pidocchi si sente mortificata; fa il trattamento e spruzza il tea tree oil per tre giorni. A giugno, la bomboletta del prodotto piena di polvere verrà buttata con un bacetto come si fa col pane vecchio.

4) *E poi c'è lei*... Quando il figlio torna a casa con i pidocchi lo rasa a zero e lo rimanda a scuola.

Parassiti, pidocchi e altri disastri [esempio concreto]

Per una volta, mamma illuminata, avevo organizzato una domenica diversa, una bella gita al lago. Ma lui non era d'accordo, aveva paura di bagnarsi e l'acqua non è il suo habitat ideale. Così, mentre ancora ignara della piega che avrebbe preso la giornata, accarezzavo la testa di figlia1, ha deciso di uscire allo scoperto per dire la sua.

L'insettino era lì che mi sfidava, con quelle sue zampette tozze, con quell'aspetto ingannevole che ti fa dubitare di te stessa fino alla fine. «Magari è un moscerino o una formica», ma ormai il tarlo si è insinuato tra le ipotesi («Ecco, brava, magari è un tarlo!». «No cara! Non ci provare, sai benissimo cos'è anche se non hai il coraggio di nominarlo!»).

Il pidocchio esprimeva tutto il suo disappunto per la meta scelta; sei coraggioso, sei il partigiano dei pidocchi, sicuramente non il più intelligente dato che ora scoverò e sterminerò tutta la tua famiglia con il napalm. O forse dopo il tempo passato a pascolare sul cranio di mia figlia ti sentivi a pieno titolo parte della famiglia, ogni carezza per lei era in fondo anche un po' tua. Ma non mi fai pena, non ti adotto, non illuderti, anzi mi fai schifo.

Rassegnata al pomeriggiodimerda che si prospettava, sostanza della quale sono fatti i sogni, come scrive Shakespeare, sfodero il megapaccofamiglia di pidocchicida che non manca mai in casa mia, come il tacchino glassato nella cucina di Martha Stewart.

Non vi descrivo lo scenario di bucati, pettini, docce, bestemmie, perché sono certa che avrete perfettamente presente. Come avrete presente l'indomabile prurito psicosomatico istantaneo che si scatena anche sulla vostra cute ogni volta che si affronta l'argomento (vi siete grattate, eh?).

Per precauzione decido di fare il trattamento anch'io, quasi sicura che anche stavolta risulterò pulita, invece... la magra consolazione è che non sono una pazza suggestionata. E che non ho i capelli lunghissimi, ma solo molto lunghi.

A sera, stremata e con le occhiaie, ho fatto il discorso che a questo punto ogni madre è tenuta a fare al proprio figlio per responsabilizzarlo:

- Amore della mamma, io ti amo tantissimo, ma sappi che se ti prendi un'altra volta i pidocchi ti do in affido!

Ogni ventotto giorni, la ruota

In bagno, improvvisamente si spalanca la porta ed entra figlia1, sorprendendomi in procinto di cambiare l'assorbente.

Inutile sottolineare che la privacy, soprattutto in bagno, non esiste.

- Mamma che fai?
- Mi cambio l'assorbente.
- Hai il pannolino come i bambini piccoli?
- No, amore, una volta al mese tutte le donne perdono sangue dalla patatina, anche voi quando sarete più grandi.
- Più grandi quanto?
- Dipende, verso i dodici/tredici anni, qualcuna prima, qualcuna dopo...

- Io sicuramente non prima dei diciotto anni. Sai mamma, io ho molta cura della mia patatina!

Si sa, il ciclo è una questione di responsabilità e igiene. Altro che aspettare la menopausa, per liberarsene bastava lavarsi signore!

Stato d'allarme

Attenzione genitori!

Si sta diffondendo un contagiosissimo virus che colpisce prevalentemente i bambini tra i cinque e i dieci anni. Una volta contratto è molto difficile debellarlo, per cui si consiglia innanzitutto una profilassi preventiva.

Incubazione e Sintomi. L'incubazione ha una durata che varia da uno a dieci giorni.

Appena entrato in contatto con il virus, il soggetto è affetto da un'insolita inerzia, seguita da assenza di risposta agli stimoli e, in alcuni casi, catatonia. Questo stato di atarassia spesso provoca reazioni psichiatriche nell'adulto deputato all'accudimento del minore, aggravando un quadro clinico familiare già fortemente compromesso.

Finito il periodo di incubazione, il soggetto comincerà ad aggirarsi afasico, con gli occhi arrossati, in cerca di qualsiasi bene di consumo di consistenza ritenuta idonea al vano tentativo di assemblare quella che è diventata la sua ossessione: fare lo *slime*.

Poco importa che lo *slime* in questione al tatto si manifesti come cerume con grumi di vomito e che per farlo il piccolo zombie abbia stuprato diverse specie di frutta, depredato la dispensa di farina, zucchero e polveri di qualsiasi tipo (spero che teniate quella bianca con la quale vi aiutate ad arrivare a fine giornata fuori dalla portata dei bambini), vandalizzato i flaconi di sapone reperiti in bagno, trafugato tutti i contenitori atti a travasi lasciandosi alle spalle scie di residui mucillaginosi. La casa, se già prima non brillava per ordine e pulizia, ora sembra un campo di tortura e prigionia per meduse e lumaconi della pioggia.

L'origine del contagio è stata individuata nella coppia di Youtuber più famosa del momento (bersaglio di tutta la nostra invidia): Sofì e Luì, meglio conosciuti come i «Me contro Te», ormai atrocemente diventati «Loro contro Noi».

Prognosi e Terapia. I dati dimostrano che la malattia regredisce spontaneamente con la crescita del soggetto infetto.

Al momento la cura non è stata ancora individuata tuttavia gli esperti del settore e le associazioni dei genitori si stanno confrontando su possibili strategie per arginare l'emergenza.

Il paradiso perduto dei calzini

MdM1 ha finalmente preso la decisione troppo a lungo rimandata. La speranza di ritrovarsi è stata delusa troppe volte, quindi l'ha fatto, non a cuor leggero ma era doveroso ormai: qualcuno doveva assumersi questa responsabilità.

Tutti parlano del disagio della lavatrice che ingloba magicamente i calzini, ma nessuno si è mai spinto a narrare il dramma che si cela dietro, la tragedia nella tragedia: a ogni bucato speri che il calzino compagno salti fuori, invece no. Poi ti dimentichi, poi forse l'hai visto da qualche parte, poi speri ancora di averlo lasciato indietro e allora aspetti ancora un bucato, ancora uno. Passano gli anni, i calzini non calzano nemmeno più, numero 21, le figlie portano minimo il 28, ma lei insiste, finché un bel giorno, eccola: ha buttato i calzini spaiati.

MdM1 oggi si sente un po' più vicina a Dio.

Non mettete fiori nei vostri cannoni, ma buoni regalo di Calzedonia, grazie.

The Dreamers

Il lunedì di rientro a scuola, dopo due settimane di 41bis dovute all'influenza. Non tua. Tu non ti ammali mai, al limite una febbriciattola, un po' di mal di gola, ma a letto col febbrone non ti capita da anni, è diventato il tuo sogno proibito, ammalarti e passare la giornata a letto, accudita e coccolata (se sogno deve essere in grande!).

Influenza, *I miss you*!

ACQUA E SAPONE

[E anche oggi il bagnetto lo facciamo domani]

A pranzo con un chimico.
- Devi scendere a patti con il fatto che hai più batteri addosso che cellule, è il tuo microbiota. Diverse malattie si sviluppando per un eccesso di igiene, basta con questa amuchina.
Avevamo ragione noi.

- L'antipiretico solo se la febbre supera 38 e mezzo.
Tua figlia fissa a 38.4.
Tu ti siedi in cucina a contemplare il Nurofen aspettando delle risposte.

La nuova dimensione della frustrazione è rappresentata da tua figlia che, mentre sei in bagno a goderti quel momento lì, così raro e agognato nella vita di una donna, interpreta da dietro la porta la scena di *Frozen* in cui Anna canta *Puoi lasciarmi entrare*.

C'è anche la versione al rovescio, ma cambiando l'ordine dei fattori il risultato non cambia: il bagno rimane un crocevia di vite, un luogo di scambio e di interazione, cagare diventa il momento in cui la famiglia si riunisce.

- Io sono Flora la fata dei fiori - dice la Bambina senza sentimenti mentre fa la cacca modulando un peto taglia quattro anni (sì, di un dromedario). Fata magari sì, dei fiori così a naso non si direbbe.

Flatula, fata dei peti, obbliga MdM2 a condividere questo momento con lei in cui le racconta tutte le malefatte della sua amica - evidentemente si inizia da piccole - inventa giochi strazianti per la noia, perché se sei seduta sul cesso puoi essere pure Jocelyn ma lì stai, e si schifa dei suoi stessi afrori. Lei.

Ma a quanto pare è un'usanza comune: dove c'è cacca c'è casa.

EAT. SLEEP. *RAVE*. REPEAT

[Alimentazione e basta suonava misero]

Allattamento

Sono una abbastanza fiera sostenitrice del *Fai Un Po' Come Cazzo Ti Pare*, in generale e, nello specifico, per ciò che concerne la maternità: i figli li vuoi fare, non li vuoi fare, me frega assai. E mi aspetto lo stesso atteggiamento nei miei confronti, anche e soprattutto da chi non ne ha, non ne ha ancora, non ne vuole, ne ha di più. Da tutti.

I have a dream: mi auguro che prima o poi la gente la smetta di sindacare e dare consigli sull'educazione che impartisci, su cosa dai loro da mangiare, se li fai piangere poco, se li fai piangere troppo, come tratti la loro immagine sui social, a che temperatura li fai vivere, dormire, Estivil sì, Estivil no, Esticazzi non ce li metti?

Sull'allattamento poi ci siamo proprio superati; ormai chiunque ci ha messo bocca, pure il benzinaio sotto casa tua s'è pronunciato in merito quando t'ha visto con la carrozzina. Vuoi allattare, non vuoi allattare, non te la senti, non hai il latte per i più svariati motivi. Vige la regola del F.u.p.c.c.t.p.

Però.

Però.

Siamo proprio sicure che sia necessario aggirarsi per H&M come delle aborigene con una creatura di due anni e mezzo al collo attaccata alla tetta?

E non perché allattare in pubblico sia il male o perché il bambino a tre anni strusci con i piedi per terra - figurarsi, l'ho fatto per mesi in tutti i luoghi, in tutti i laghi. È proprio l'estrema drammaticità del gesto, tutta questa plasticità. Non te voi mette seduta?

Svezzamento

Come ogni genitrice, anche MdM2 ha sempre tenuto alla corretta alimentazione dei figli.

Durante lo svezzamento si è documentata, ha studiato, ha seguito i dettami del momento - che tanto cambiano ogni sei mesi e mezzo come l'obbligo vaccinale: latte sì, latte no, latte di riso, latte solo di capra munta da una vergine, zucchero sterco del demonio, sale assolutamente sei pazza, sale un pizzichino fa bene. Alla fine la figlia di MdM2 era così confusa che è stata trovata a leccare i sassi del mare, che almeno avevano un sapore.

In quel periodo ti sei inerpicata sul massiccio dell'Annapurna per raccogliere con le tue mani le patate di montagna senza antiparassitari. Hai seguito la fioritura delle lenticchie di Castelluccio personalmente - solo nove mesi prima i legumi morivano di noia nei barattoli della cucina fino all'estremo viaggio nell'organico.

Hai devoluto l'8×1.000 a NaturaSì; chiunque entrasse in casa con una zucchina non certificata veniva aggredito dai cani alsaziani e le sue ceneri sparse nell'orto; chi ha osato proporre un biscotto nel latte o, non sia mai, del miele è stato posto sotto regime di stretta sorveglianza e da allora guardato con sospetto.

Poi, a un certo punto, gli eventi hanno cominciato a prendere una china sempre più ripida: il bambino parla, ha dei gusti e li esprime.

Tu sei una donna distrutta. Ormai condotta sul lastrico dall'acquisto compulsivo di prodotti bio e prossima alla separazione dal tuo compagno, perché si ostina a comprare delle volgarissime mele senza certificazione. Sei ossessionata dalle cotture dei cibi - al punto che sulle verdure ci soffi solo - e dalla ricerca di un secondo piatto proteico alternativo alla carne che non sappia di zoccolo e cartone bagnato.

Piano piano, comincia la lenta deriva: un hamburger confezionato una tantum non ha mai ammazzato nessuno tranne la mucca; anche il latte a lunga conservazione andrà bene per un paio di giorni che poi diventano cinque settimane; abbracci lentamente la religione dell'insalata in busta e i ceci bio in scatola immersi nella prima rugiada del mattino diventano un pezzo da collezione da mostrare agli ospiti:

- Qui ero nel mio periodo verde del mammadimerdismo. Poi mi sono evoluta.

Intorno ai tre anni del bambino, la trasformazione dovrebbe essere completa. Ormai ti muovi con una certa sicurezza tra le prelibatezze della cucina tedesca del Lidl e le verdure surgelate.

Anche mangiare fuori, che prima consisteva in un paio di portate principali a base di ansia e abbondante senso di colpa, ora non dico che sia tornato a essere quel momento di piacevolezza che tutte noi vagheggiamo perché c'è sempre quel filo di rottura di cazzo che accompagna ogni pasto, però è ridiventato possibile.

Abiti ormai il Valhalla dell'indulgenza se una domenica mattina avviene questo scambio di messaggi con la tua sodale:

MdM1: - Ieri sera abbiamo scoperto che il rullo finto-giapponese vicino casa tua ha chiuso. Sai perché?

MdM2: - L'avranno chiuso i Nas.

MdM1: - Vabbè, comunque il sapore era buono. Alla fine siamo qui a raccontarlo. Guarda che è un lutto.

MdM2: - A chi lo dici. Non sai quante cene mi ha salvato.

Un altro buon motivo per imparare a tacere in merito alle scelte alimentari di una madre, sono tutte le intolleranze e le allergie da cui sono funestati questi bambini nuovi.

Esempio.

MdM2, che non imparerà mai abbastanza a farsi i cazzi suoi, vede bambina che piange disperata negli spogliatoi della piscina. Cos'è il genio? Le offre un bel pacchettone di Ringo.

La bambina è celiaca e adesso strilla pure perché vuole i biscotti.

Parappappà-papapà: Perché Sanremo è Sanremo!

La dieta della Mammadimerda

Non dimenticherò mai una delle prime volte che incontrai la mia simile, la sopracitata MdM1, in tempi non sospetti. Aveva iniziato da poco a frequentare l'attuale marito e io le dissi di lasciarlo. Esattamente come ora, siamo sempre in disaccordo.

Io ero al mio primo - ormai li conto come le permanenze dei grandi del Pensiero nelle città: «Durante la sua prima residenza a Torino, il filosofo scrisse quella che è considerata la sua opera più alta», solo che durante le loro permanenze i miei ex non hanno mai prodotto chissà quali capolavori.

Ricordo che le chiesi quale fosse il segreto della sua linea.

Lei mi rispose serafica e odiosa: - Un'alimentazione sbilanciata e pasti irregolari.

Aveva poco più di vent'anni e abitava da sola. Nulla è cambiato da allora. È ancora magra.

La dieta della mammadimerda non segue dunque particolari precetti. Si punta alla sopravvivenza.

Il pasto più buono è quello consumato da sole in piedi sopra al lavandino, per non sporcare. In questo momento ad esempio sto mangiando un pacchetto di patatine trovato aperto in macchina, di datazione incerta. Per dire quanto sono oltre la questione dei vaccini.

Ciò che non deve mai mancare è un'abbondante idratazione, che inizia dal mattino e non esclude aperitivo e dopocena.

Essendo responsabili di minori, probabilmente non vi capiterà di uscire tutte le sere e magari ogni tanto di indulgere in piccoli party privati casalinghi quando tutti dormono. È previsto.

L'indomani mattina, come ogni mattina, appena sveglia, una mamma sa che dovrà iniziare a correre. E chi la può aiutare? Nessuno. Poiché è grande lo smarrimento al risveglio e davvero ci si sente le creature più sole dell'universo. Per fortuna c'è la scienza a soccorrerci, che comunque una dovrebbe sempre bazzicare con cognizione di causa e una certa avvedutezza. E allora ecco che la Scienza ci regala il magnesio, amico di tutte noi stitiche con sbalzi d'umore.

Ancora con gli occhi chiusi, ti aggrappi alla bustina come un naufrago alla zattera, e la versi nel primo bicchiere utile sul lavandino, perché figurarsi caricare la lavastoviglie prima di andare a dormire.

Magnesio e vino bianco, la colazione dei campioni e la giornata parte di slancio.

Cotto e vomitato

A questo punto, non rimane che fare un raffronto culinario con una mammabene, una di quelle che ce la fanno: Benedetta Parodi.

Benedetta inizia la carriera televisiva come annunciatrice del Tg fino a quando non riesce a ritagliarsi all'interno di questo una rubrica registrata direttamente nella cucina di casa sua in cui in un minuto e mezzo ti prepara primo, secondo, contorno, insalata di rinforzo e dessert.

Tu, un minuto e mezzo lo trascorri davanti al frigo aperto chiedendoti: «Che cazzo cucino stasera?» e nella tua cucina più che *Cotto e mangiato* potrebbero girare una puntata di *Ris*.

Benedetta stampa libri su libri di ricette e i suoi programmi ottengono sempre più spazio, tanto che inizi ad avere un po' paura ad accendere il televisore. Nel frattempo, non si nega la magica esperienza della maternità, per ben tre volte.

Concilia perfettamente vita professionale e familiare, tant'è vero che i bambini se li porta pure in trasmissione e riesce a trovare ancora simpatico suo marito, al punto da invitare pure lui nel programma. Cucinano tutti insieme appassionatamente senza neanche coinvolgere un matrimonialista, i bambini non tentano di amputarsi arti fondamentali con un cucchiaio di legno e lei non alza la voce, mai. MAI.

Tu metti sul fuoco una banale pentola d'acqua perché sei una ragazza semplice, tua figlia ti chiama sette volte, sette; vai, vieni, vai, vieni, imprechi, vai, vieni, «Che c'èèè?», vai, imprechi davanti a lei, vieni.

Nel frattempo passa di lì l'Uomo che non deve cucinare mai e per qualche incontrollabile impulso nervoso butta nella pentola un pugno di sale, per poi galoppare incontro ad altre mirabolanti avventure. Tu torni e ignara ce ne butti dentro un'altra palata perché il sugo è sciapo e allora compensi senza nessun metodo.

Tra il primo e il secondo ottieni la consensuale, alla fine della cena già siete con un piede nel divorzio.

L'indomani chiami MdM1 per informarla della novità e lei ti regala questa perla:

- Ieri sera ho cucinato io. Faceva talmente schifo che abbiamo vomitato sia io sia la bambina.

Voilà. Cotto e mangiato (quasi).

EPISODIDIMERDA

[Un'orto-panoramica]

Il telefono del dentista suona sempre due volte

Driiin, driiin!

- Studio dentistico, buongiorno!

- Buongiorno, sono la mamma di figlia1, siamo appena state lì da voi, ho preso appuntamento per il 28 ma deve perdonarmi, purtroppo in quella data la bambina ha un impegno scolastico, possiamo spostarlo?

- Certo signora... vediamo... il 4?

- No, purtroppo è in gita.

- Il 7?

- È già dai nonni.

- Il 15?

- Montagna

- 20?

- No!

- Il 21 alle 12?

- Acqua!

[*NdR*: la battaglia navale è andata avanti qualche minuto].

- Ah, guardi, abbiamo un buco il 5 alle 13,15.

- Perfetto, la prendo alla mezza da scuola.

- Allora a presto!

- Grazie e arrivederci!

Chiuso il telefono, contemporaneamente inondata da una sensazione di panico che si trasforma immediatamente in un senso di vergogna.

Driiin, driiin!

- Studio dentistico, buongiorno!

- Sì, ehm, buongiorno, scusi, sono quella di poco fa, abbiamo appena chiuso, la mamma di figlia1... senta, abbia pazienza con me... lasciamo tutto com'è, il 28 va benissimo. Sa, ho sbagliato giorno, confuso gli impegni e le bambine, il 28 figlia1 c'è.

- ... (rumore di sopracciglio alzato).

- Mi scusi, ma sa, sono un disastro, ahahah! (Risata isterica).

- Va bene, signora, non c'è problema - dice, mentendo.

Appunto per il futuro: quando prendi un appuntamento poi fidati della te stessa di dieci minuti prima, o almeno controlla l'agenda anziché basarti sul ricordo degli avvisi di tua figlia, soprattutto in virtù del fatto che la tua memoria lavora a minuti alterni, la sibillina, ti fa prendere l'appuntamento nel giorno giusto ma poi ti insinua il dubbio!

Anche oggi la figura di merda quotidiana è andata.

La fatina dei denti non abita più qui

Figlia1 ieri ha perso un dente, l'ennesimo, il che giustifica la mancanza di entusiasmo con la quale è stata accolta la lieta novella «Mammaaa, ho perso un denteee!!!» anche dai vicini.

L'altro ingrediente che avrebbe dovuto allertare MdM1, quando ancora poteva arginare il disastro, era la totale stanchezza - ma che dico, devastamento di ogni fibra e afonia di qualsiasi afflato vitale rende meglio l'idea della condizione psicofisica -, dovuta a un viaggio di venti ore per rientrare dal Sudafrica, dove MdM1 aveva portato le iene (figlia1 e figlia2) a familiarizzare con il loro habitat naturale. Non hanno voluto rimanere nella savana, purtroppo.

Non c'è quindi da stupirsi troppo per il fatto che la fatina dei denti, anziché passare a lasciare un soldino, sia svenuta sul divano guardando una puntata di *Dark*, mezza ubriaca di mirto, alle 21,15.

PdM1, che avrebbe potuto essere risolutivo, ha subìto una fine analoga.

- Mamma, la fatina non è passata - sentenzia delusissima figlia1.

Ed è sempre qui che i veri genitori di merda tirano fuori il meglio di sé, la prontezza con la quale inventano una scusa credibile è fondamentale per limitare la delusione della prole; nonostante il rincoglionimento degli occhi appena aperti alle 7,30 del mattino, la dura vita dell'antilope che non dorme mai perché vive in allerta di un possibile predatore, per rimanere in tema.

- Forse non è passata perché l'hai perso verso sera e non ha avuto il tempo... - biascica uno sconvolto PdM1.

- Sicuramente è stato per il temporale, ha piovuto tantissimo tutta la notte, come faceva la fatina a volare? Anche gli aerei hanno subito ritardo, chiedi alla nonna! - la manovra diversiva di PdM1 avvantaggia MdM1 di quei trenta secondi sufficienti per elaborare una strategia di risposta migliore e leggere i messaggi della di lei madre.

- Oh povera fatina, è vero mamma!

MdM1: 1 - trauma da abbandono: 0.

Tempo liberismo

CORTESIE PER GLI OSPITI

[Di merdismi sociali e altre amenità]

Dei coraggiosi ti invitano a cena.

Nell'ordine tua figlia:

- non vorrà fare il bagno, perché ritiene che l'averlo fatto ieri sia sufficiente;
- mentre sei distratta (a farti una doccia), verrà vestita come Oliver Twist con abiti di tre taglie in meno, scoloriti/lavati male/non lavati che il tuo compagno ha trovato probabilmente nella spazzatura, manco la tua forse;
- piangerà disperata, perché vuole venire in braccio mentre ti asciughi i capelli;
- mentre ti truc... no, scherzavo;
- piangerà disperata, perché i pantaloni «bruciano»;
- piangerà disperata, perché non vuole uscire;
- piangerà disperata, perché tu stai uscendo senza di lei;
- piangerà disperata, perché *silence is easy*.

La verità è che i bambini ci vogliono soli e infelici.

La soluzione è trovarti delle persone affini per condizione e per merdismo. Che può rivelarsi anche un'arma a doppio taglio, attenzione. Quando MdM1 invita a cena MdM2, per dire, è subito spin-off di *Cortesie per gli ospiti*.

L'invito che ti può capitare di ricevere è: «Dai, venite a cena da noi, che abbiamo un sacco di avanzi». Perché il merdismo si applica a tutti i campi dell'esistenza. Siamo delle puriste, noi.

Un'altra volta ho mandato da lei mia figlia a dormire insieme alle sue.

È tornata l'indomani appagatissima, raccontando:

- Sai, mamma, ieri sera mi sono fatta - qualunque cosa volesse dire.

Come faccio a preservarla dalle *mie* cattive amicizie?

Ma chi sono queste mamme che hanno una vita sociale? Esistono?

Esistono.

Volete degli esempi?

Ecco, due esempi.

1. Nel 2018 l'evento dell'anno è stato il matrimonio del principe Harry d'Inghilterra e Meghan Markle. Chi è stata colei che con una semplice apparizione ha offuscato questo happening internazionale? Amal Alamuddin, avvocato specializzato in diritto internazionale e diritti umani, più nota come «il marito» di George Clooney.

Amal, la più bella tra le belle, è apparsa fasciata in un magnifico abito di un punto di giallo a cui neanche la regina Elisabetta avrebbe mai pensato, e ora tutte le sarte di corte si aggirano disoccupate sotto ai ponti del Tamigi, quando io avrei giusto gli orli alle tende da fissare per poter finalmente togliere lo scotch biadesivo.

La signora Clooney nasce quarantuno (sì, quarantuno) anni fa in Libano da una giornalista e da un professore universitario; due anni dopo, costretti a lasciare il Paese a causa della guerra civile, si trasferiscono in Inghilterra in un sobborgo non bruttissimo ma manco Parigi. Lì, Amal conduce tutti i suoi studi brillantemente fino all'ammissione a Oxford, come molte di noi del resto. Si specializza a New York dove inizia a lavorare immediatamente presso uno degli studi più prestigiosi.

Tra le donne arabe più influenti del pianeta, non di Scurcola Marsicana, consigliera Onu, ha difeso nella sua carriera personaggi come Julian Assange e Yulia Tymoshenko.

Fra un fallimento professionale e l'altro, per ammazzare la noia di questa vita così banale, perché alla fine che palle sempre queste cene in ambasciata, comprare un vestito nuovo ogni volta - vuoi mettere quanto si sta meglio a casa a guardare le puntate nuove di *Masha e Orso* con il tuo superpigiamino post gravidanza con l'elastico slabbrato? -, Amal si concede di vedere qualche amico ogni tanto e, durante una di queste feste, conosce George, che pare si sia manifestato con il suo consueto fare burlone, replicando come da una ventina d'anni a questa parte la famosa scena della bottiglia del Martini.

Amal, folgorata da subitaneo amore, sembra abbia esclamato: «Riecco il coglione», in tutte e tre le lingue che parla fluentemente affinché il messaggio fosse chiaro a tutti, ma soprattutto a lui.

Il buon George, che evidentemente qualche argomento ce l'ha, inizia a corteggiare la Nostra inarrivabile a suon di mail, ripeto, mail, non *whatsappini*.

I due convolano a nozze nel 2014, a Venezia, con un festeggiamento contenuto di cinque giorni consecutivi e successivamente, solo per gli intimi, in un'isola blindatissima in mezzo al Tamigi, devolvendo in beneficienza tutti i regali. Del resto quando percepisci cinquecento sterline l'ora come onorario, un servizio di piatti è superfluo. La sera le stoviglie sporche non le lavi: le butti.

Che poi queste cene dalla famiglia Clooney devono essere interessanti. Quando l'incauto chef Sal Scognamillo si è permesso di donarle il suo libro di ricette, Amal ha risposto pure un po' incazzata: «Pensi che io cucini? No, non cucino! Ti aspetti che impari?».

Ecco come si fa. Tant'è che in un'intervista l'affamato George, legatissimo al nostro Paese, ha dichiarato di aver compreso la felicità quando ha visto i suoi operai italiani sul lago di Garda in pausa pranzo che se la ridevano beatamente. Te lo dico io perché ridevano, George, ché tu l'idioma ancora non lo mastichi bene: pensavano a quanto ti avevano gonfiato il preventivo.

Dal felice matrimonio, nascono due gemelli, e George, sempre più ottenebrato dalla fame, racconta pieno di ammirazione e presumibilmente di invidia con quanta devozione Amal allatti le creature concedendosi due ore di sonno tra una poppata e l'altra.

MdM2 cerca di richiamare alla mente i momenti di riposo durante l'allattamento, e le sovviene il ricordo come di un'unica lunghissima poppata di mesi, perché questa storia dell'allattamento a richiesta forse ci è sfuggita un po' di mano.

2. E ora parliamo di una divinità prestata alla musica, una regina totale: signore, inchinatevi dinanzi a sua maestà Beyoncé.

Mezzosoprano, voce esaltata per estensione e forza, la sua incredibile carriera di cantante inizia sin da bambina con la creazione di una band femminile che poi diventerà un trio con il nome di *Destiny's Child*.

La madre cuce loro i vestiti di scena, il padre lascia il lavoro per seguire il gruppo. Quando i tuoi non ti caricano affatto di aspettative. Ma evidentemente babbo ci aveva visto lungo, che non significa che domani ti devi licenziare perché tua figlia balla sulla sigla di *Shimmer and Shine* (*oooh-oh-oh-oh-oooh-oooh-oh-oh*).

Beyoncé ha vinto ventidue Grammy (per il momento) di cui diciannove da solista, e ricevuto sessantadue nomination. Ha venduto 60 milioni di copie con le *Destiny's Child* e 118 milioni da sola. Praticamente quanto la popolazione di tutta la Russia, che non è esattamente la Repubblica di San Marino, sotto lo zar Nicola II.

Dopo i numeri, mettiti comoda che adesso ti do due titoli: giudicata la donna più sexy del XXI secolo, tra le cento persone più influenti del pianeta, definita icona della moda, donna più ricca della Terra nel 2014, nella classifica stilata da *Forbes*, è stato stimato che la ragazza guadagni in un'esibizione £ 71.040 al minuto, più di qualunque altra artista vivente.

Ha fatto tre figli con il rapper Jay Z e li ha chiamati Blue Ivy, Sir e Rumi Carter, perché evidentemente i nomidimerda vanno forte anche all'estero. Ma perché parlarne ora e rovinarci questo momento di frustrazione?

Beyoncè non è solo una cantante, una ballerina, una performer straordinaria, un genio assoluto del pop; ella mi è anche attrice, imprenditrice e stilista, creando una linea sportiva dedicata alla figlia. E qui ti invito a riconsiderare il modo in cui vesti tua figlia al mattino in preda ai multipli crolli nervosi che quel gioioso momento di intimità madre-figlia riserva.

È la donna che ha cantato di fronte al Presidente degli Stati Uniti, è l'afroamericana che nel 2013 si è esibita durante il Super Bowl - la finale di campionato di football che è tipo la cosa più simbolica negli Stati Uniti dopo la bandiera - e, all'interno di questa performance, ha inserito l'omaggio a Malcolm X, marciando all'interno dello stadio con un esercito di ballerine vestite da Black Panthers e rivendicando di fronte a cento milioni di persone l'orgoglio delle sue origini, rimarcando ancora una volta il grande potere delle donne (il pezzo si apre con la frase: «Okay, ladies, now let's get in formation»).

MdM2 non è riuscita ad affrontare nemmeno l'ultima riunione dell'asilo in cui con una debolissima scusa ha inviato l'Uomo che non deve cucinare mai per fargli provare l'ebbrezza, con la speranza di vederlo tornare provato come dopo la campagna di Russia; tutti i sogni ancora in volo sono precipitati quando al suo rientro l'eroe ha esordito con un entusiastico: «Ciò che ho visto non ha prezzo!».

Ma più di tutto, per MdM2, Beyoncè sarà per sempre colei che ha sdoganato la cosciona, restituendole la giusta dignità. E la ama tutte le volte che affronta la prova costume con la sua depilazione approssimativa, non traendone comunque alcun vantaggio in termini di autostima. Ma la ama.

E adesso agitiamoci senza ritegno sulle note alte di questo pezzo

di Storia, ammiriamo insieme questo monumento alla Donna, questo capolavoro di Ingegneria Civile; impariamo una volta per tutte come si pronuncia il suo nome (*Biònse*) e poi continuiamo a dirlo male, e soprattutto memorizziamo come si sfilano le mutande dal culo con nonchalance nelle sue performance.

CESTINI & MATERASSI

[Game over & intrallazzi]

Di fenicotteri rosa e altri ameni dialoghi

- Bambini, guardate, nello stagno ci sono i fenicotteri rosa!
- Ci possiamo avvicinare?
- No, è vietato.
- Perché?
- Altrimenti si spaventano.
- Perché?
- Perché se vedono degli uomini andargli vicino prendono paura, volano via e non tornano più.
- Perché?
- Voi tornereste in un posto in cui avete preso paura?
- Sì.
- ... ma voi siete umani, fate ragionamenti più complessi dei fenicotteri.
- Perché?
- Perché i fenicotteri sono animali e hanno un cervello più piccolo.
- Perché?
- Perché è meno evoluto.
- Perché?
- Mettiamola così, ogni volta che chiedete perché un fenicottero muore!
- ... Per...
- *Shhh*!!!

Mammadimerda differenziata

Diventare madre è meraviglioso, ti diranno tutti.

Diventerai una specie di maga che crea la vita, diranno.

Diranno anche che diventerai il punto di riferimento di un'altra persona, che vedrà in te la fonte di ogni rassicurazione, nutrimento, affetto, protezione.

Diventerai un pozzo senza fondo di amore, di pazienza, di gioia.

Solo una cosa si dimenticheranno di dirti: diventerai anche il cestino personale di tuo figlio.

Stai tranquilla che ovunque si trovi, non appena avrà scartatc la caramella o sbucciato la banana, sentirà un richiamo ancestrale che gli farà dribblare ogni secchio della spazzatura, ogni possibile posto di abbandono temporaneo del rifiuto, per venire a omaggiare te dei suoi appiccicosi rimasugli. Che magari stai facendo pipì in bagno. O stai arrancando verso la porta di casa carica come un lama andino con otto buste della spesa in mano. Ricordati di ringraziare per tanta generosità! E di indossare sempre pantaloni con ampie tasche.

MdM1, in vacanza dall'altra parte del mondo, porta le erinni in un delizioso parchetto, dove giocano tanti splendidi bimbetti local. Non ci sono adulti intorno ma si trova in una piccola isola senza auto, dove i bambini girano scalzi e liberi. Improvvisamente uno di questi, che prima armeggiava con un succo di frutta, la punta.

Sarà incuriosito, pensa MdM1, non si vedono molti turisti da queste parti, sarà attratto dagli abiti occidentali e dalla carnagione bianca:

- Ciao, bellissimo! Hi!

Il piccolo continua a fissarla mentre le si avvicina:

- What's your name, sweetie?

Lui le porge la manina, c'è qualcosa dentro e vuole darla a lei. MdM1 è in brodo di giuggiole: che bambino dolce, espansivo, generoso, sente le farfalle nell'utero.

MdM1 prende il dono, mentre la dolce creatura già corre via, ora completamente disinteressata allo scambio culturale, ma si sa, a quest'età sono volubili, pensa la donna con un pizzico di delusione. Poi guarda il regalo: la plastichina della cannuccia del succo. L'ambientalista in erba non sapeva dove buttarla e l'ha consegnata all'unico adulto disponibile.

Urge quindi integrare l'arcinoto insegnamento numero uno: «Non importa la nazionalità, la cultura e nemmeno se sono figli tuoi. Tu resti sempre e comunque il loro cestino ambulante».

- Mamma, guarda!

- Mamma, chi è più brava?

- Mamma, mi tieni questo? (Cartaccia, nocciolo di frutta, qualsiasi rifiuto possibilmente pieno di moccio).

- Mamma, tienimi questo! (Oggetto privo di valore spesso irriconoscibile rispetto al rifiuto del punto precedente, generalmente generosamente elargito quando l'unico pertugio libero da carichi che avete è la narice, per essere eleganti).

- Devo fare la cacca! (Classica esclamazione da viaggio in

macchina).

- Ho sete! Ho fame! (Delle due sempre l'opzione più difficilmente accontentabile nell'immediato. No, «Ho sonno» mai).

- Ahiaaa!!! Mamma, guardaaa!!! Il sangue!!! (Il primo dei sette strati epiteliali è leggermente abraso).

- Mamma, hai visto cosa ho fatto? (Domanda trabocchetto. Mai rispondere con riferimenti precisi se non siete state veramente attente).

- Dove hai messo quello che ti ho dato prima? (Siete autorizzate a mettervi a piangere).

- Metti la crema-togli la crema. (Come *Karate Kid*, ma non vi verranno i muscoli).

- Fate la doccia! Vestitevi! Mettetevi il costume! (Ripetuto x volte per due, per due volte al giorno, per un totale di 544 volte).

Eat. Sleep. Repeat.

«O si fa la guerra oppure andiamo ai materassi»

A una delle tante riunioni dell'asilo, MdM1 pensa di aver trovato il suo gruppo di genitori ideale quando, alla domanda: «Chi si candida per fare il rappresentante di classe?», si buttano tutti a terra fingendo la morte.

Oh, finalmente una classe di suoi simili! La nostra eroina si sente quasi a suo agio!

I suoi sogni però si infrangono ben presto, quando un gruppo di facinorose propone la temutissima e sempre scampata «serata materassi» (no, Il Padrino, non c'entra): durata quattro ore, partecipazione obbligatoria, una specie di seminario sul materasso al termine del quale la classe riceve come premio ben seicento euro per non essersi suicidata con uno dei cuscini di campionario.

Allora. No!

MdM1 se ne resta in disparte, muta, illusa: «Se sto ferma immobile non mi vedranno, le belve feroci attaccano solo se ti muovi, è risaputo! Mimetizzati con la parete!».

Invece la guardano, lei potrebbe biascicare qualche frase senza senso per confondere il nemico: «Penso anch'io che la cosmogonia di Nazario Sauro sia fondamentale per avere un bucato profumato», ma è troppo atterrita per pensare a un diversivo, così lo dice.

- E se facessimo invece una colletta? Io metto volentieri cinquanta euro pur di non venire!

Il gelo. Sipario. Anche quest'anno sarà dura!

Melting pot

Figlia1 ha un compagno di classe, Youssef. Youssef ha una mamma. Quest'ultima, donna coraggiosissima, ridimensiona le nostre prodezze quotidiane a meri esercizi di stile. E si sa, relativizzare unisce.

- Mamma, a scuola Youssef ci ha raccontato di come è arrivata in Italia sua mamma dal Marocco. C'erano dei cattivi che la inseguivano e l'hanno ferita a una gamba, allora un signore l'ha presa in spalle e l'ha portata fino al barcone e sono riuscit a scappare.

- Che storia incredibile, amore, meno male che è riuscita ad arrivare in Italia! - rispondo ricacciando con forza indietro le lacrime che sento spuntare al pensiero di Youssef, quel bambino dolcissimo, il primo della classe, mentre emozionato e fiero racconta la storia della sua mamma ai compagni.

- E tu, mamma, cosa avresti fatto se fossi stata al suo posto?

Tutto quello che c'è da capire, che c'è da chiedere sulla questione dei migranti è racchiuso in questa domanda ingenua e pura che mi viene fatta da una bambina delle Elementari.

- Se fossi stata io in pericolo nel mio Paese, avrei fatto tutto il possibile per cercare un futuro migliore, amore.

- Eh sì, mamma, anche perché altrimenti non ci sarebbe Youssef!

Meno male che c'è Youssef e che ci sei tu. Meno male che ci sono i tuoi compagni di classe, meno male che esistete voi bambini, avete un compito arduo ma non impossibile visto che state già crescendo in quel futuro multietnico che immaginavamo, in cui non fate caso al colore della pelle, in cui siete affascinati dalle origini degli altri bambini e non ne fate mai un motivo di discriminazione, perché il razzismo e la xenofobia in voi semplicemente non esistono.

Meno male che Youssef ti ha raccontato la storia della sua mamma coraggiosa e che tu l'hai raccontata a me, avevo bisogno di emozioni forti per colazione.

Ora sono sveglissima.

Mi scappa la pipì, mammà!

MdM1, per tenere fede ai buoni propositi di Capodanno,

decide di portare le erinni a fare una gita sulla neve.

La quantità di bagagli per soli due giorni di permanenza avrebbe già dovuto dissuaderla dal tentare l'impresa.

- Caro, resta pure in città a lavorare, vado su con le bambine così prendono un po' d'aria buona!

Al mattino del primo giorno la tragedia si preannuncia in tutta la sua drammaticità, quando MdM1 realizza che dovrà vestirle entrambe da neve entro il tramonto. Felpa e collant termici, calzettoni, tuta da sci, doposci («Spingiii, spingiii! Non così! Al mio tre! Non con il tallone! Ancoraaa»), cappello e poi loro, i temutissimi guanti, quelli con tutte e cinque le dita. Quarantacinque minuti di imprecazioni, suppliche, preghiere e smadonnamenti dopo, le iene sono vestite di tutto punto, come stelle marine intabarrate per una gita sul Monte Bianco.

- Mamma, devo fare la pipì

NO CAZZO! Ora te la fai addosso che scalda! Nel tentativo di consolarsi, MdM1 pensa all'impresa di Annibale, che attraversa le Alpi con truppe ed elefanti. Sì sì, pesantino, eh. Ma almeno lui non si era portato i figli!

Game ov...

MdM1 aspetta con ansia le vacanze, finalmente recupererà un po' di sonno, potrà dimenticare la sveglia... e rimpiangerla, perché i grilli che ospita in casa cominceranno a frinire molto prima delle 7, eccitati all'idea di poter giocare tutto il giorno. Eccitazione che si tramuta subito in rissa, per cui ti svegli a Gaza in pieno conflitto israelo-palestinese, non hai ancora preso il caffè e sei in debito di sonno perché hai fatto tardi.

«Ma sì, domani è vacanza, guardo ancora una puntata su Netflix», quindi sei l'essere umano meno pacifico del globo e la strada più diplomatica che vedi al momento è urlare un paio di «Bastaaa!» random e telefonare a Kim Jong-un chiedendogli di pensarci lui: se gli avanza, va bene anche un'atomica.

Metti l'elmetto e vai in trincea, dove bisogna stabilire chi ha sputato a chi, prima o dopo aver spinto chi e per quale gioco, che era di chi ma lo stava guardando chi, prima o dopo che un altro lo strappasse di mano a chi.

Non ce la puoi fare.

Opti per il metodo pedagogico evergreen:

- Sbrigatevela da sole, non sporcate di sangue che se non morite vi tocca pulire.

Sono solo le 6 e 12.

Buongiorno! Se sei sopravvissuta alla sveglia, alla colazione e alla vestizione, hai ancora la voce e non ti hanno bussato gli assistenti sociali, allora complimenti! Hai superato con successo il primo livello del gioco «Arriva viva a sera e col sorriso»!

Ora però arriva il mostro, quello difficile che ti fa perdere vite: fare i compiti. Le maestre sono state come sempre molto generose, non hanno lesinato nell'elargire schede e pagine da studiare; d'altronde nella mente hanno questa immagine idilliaca di venticinque piccoli Giacomo Leopardi, ingobbiti sui libri che studiano felici per ore, per soddisfare la loro sete di conoscenza, scrutando l'infinito al di là della siepe dalla finestra della loro cameretta.

Invece no, mi dispiace deludervi, ma avete a che fare con venticinque piccoli Shrek e ballerine che vorrebbero solo rotolarsi nel fango o fingere di saper piroettare a mezz'aria come libellule!

Per convincerli a posare il culo sulla sedia e aprire un libro avete provato ogni strada possibile; lusinghe, minacce, suppliche, vi manca l'ipnosi ma vi siete attrezzate di pendolino, dovete solo trovare il tempo di guardare qualche tutorial su YouTube.

Dopo mezz'ora abbondante, finalmente Carla Fracci è in postazione ma con l'umore di un ciuco inacidito, braccia incrociate e sguardo tetro. Capisci che la strada è in salita.

Prende la matita con una lentezza che sarebbe disarmante se non fosse che a te fa salire una carogna che invece ti arma di bazooka, carichi lo strillo in canna, ma poi ti ricordi che il game over è dietro l'angolo, quindi fai un bel respiro e aspetti.

P R E N
D
E
L
A
M
A
T
I
T...

Rallenta.

Sempre più piano.

Tu ormai sei rossa e le tue narici fumano, gli occhi pieni di lava. Ovviamente lo fa apposta.

- Muoviti! - sibili a denti stretti.

Con questo ritmo alle nove di sera forse avrà scritto la data sul foglio. Lei lo sa che stai per esplodere ed è esattamente quello che ti sta sfidando a fare, così andrà tutto in vacca, potrà piangere perché hai perso la pazienza, ti sentirai in colpa per averla sgridata e dovrai ricominciare tutto daccapo.

Allora ti ricordi di non essere l'unico essere umano adulto della casa, ti giochi il jolly e chiedi il cambio al Mister:

- Tesorooo! Vieni tu a fare i compiti con figlia1, che sei molto più bravo di meee!

E così, elegantemente, guadagni il divano. Qualcuno si decomporrà dalla noia, ma non io, non oggi!

Dopo i compiti, il pranzo e un po' di gioco libero, che qualcuno oserebbe definire disciplina sportiva, anche nota come lotta greco-romana, ecco il momento tanto atteso da figlie numero 1 e 2, nonché promesso a più riprese nei momenti difficili in cambio di un comportamento decoroso, che non preveda il sororicidio: il cartone.

La scelta del suddetto e sudato film apre un altro capitolo della saga *Tragedie familiari e dove trovarle*; da un lato America, che parte subito con l'artiglieria pesante urlando:

- Tocca a me decidere cosa vedere! Ieri ha scelto lei!

Dall'altro Russia che insinua il dubbio subdolo:

- Non è vero, tocca a me due volte, non ho scelto io ieri, però devo scegliere anche oggi perché lei ha scelto due volte di seguito!

Affermando contemporaneamente una cosa e il suo contrario e costringendoti in un doppio carpiato logico che ti fa intrecciare i neuroni. E non solo a te. Anche figlia1 è confusa, sta cercando di ricordare, perché nell'intimo è una giusta, ma proprio non rammenta: si sa che la memoria dei bambini è meno attendibile cronologicamente di quella degli adulti, tranne nel caso di MdM1, lei non si ricorda mai un cazzo.

Per cui mentre le due polle guardano il muro cercando di elencare mentalmente i cartoni visti negli ultimi giorni, Russia approfitta della distrazione per infilare a tradimento il gas nervi... ehm... il Dvd nel lettore. Feroce la reazione di America che sgancia la bomba H, avventandosi sul nemico al grido di «America First!!!»

E siamo nuovamente in guerriglia.

MdM1, che ormai il ruolo di ambasciatrice Onu se l'è guadagnato sul campo, comincia la paternale:

- Calma! Quando si ha ragione non serve usare la violenza, altrimenti si passa dalla parte del torto. Non vale solo nel caso dei palestinesi, per cui non ditelo agli israeliani!

Ma le due continuano ad azzuffarsi, sorde.

In casi come questi, non sarebbe male possedere una pistola per sparare un colpo in aria, tutto sommato forse Trump ha ragione: la soluzione è armare gli insegnanti, perché non estendere la possibilità anche ai genitori?

Ed è qui che MdM1 recupera lucidità. Tira fuori il Dvd dal lettore e chiede ad America:

- Scusa tu cosa volevi vedere?

Lei ci pensa. Non lo sa. Era una questione di principio, nessuna idea precostituita o reale voglia di vedere qualcosa. Russia tace perché sa che la partita si sta giocando tutta in questa manciata di secondi, se mai dovesse scapparle il titolo del film che vuole, quello sarà l'unico che America rifiuterà categoricamente. Più tempo passa e più è probabile la risoluzione del conflitto: i bookmaker cominciano a dare la vittoria di MdM1 per 1 a 2. Nell'aria si sprigiona l'odore di alloro. È il profumo del trionfo, o forse solo la cena che brucia.

Finché The Eagle partorisce:

- Rapunzel! - che è esattamente il Dvd che ha in mano, nascosto dietro la schiena.

MdM1: - Che coincidenza! Volete vedere lo stesso film! (che tra l'altro è il film con il quale siete in fissa da giorni, mortacci vostra!).

A questo punto America non può rimangiarselo, ha una integrità morale e un orgoglio da difendere, per cui abbozza e prende la sorella per mano, ristabilendo la pace o almeno un accordo di non belligeranza a tempo determinato:

- Vieni, sediamoci sul divano.

MdM1 assunta in direttissima all'Onu.

TEMPO LIBERO

[Maledetto tempo libero]

Un'ora e dieci per montare il passeggino, caricarlo in macchina e sistemare l'ovetto a modo. Cinquanta minuti per arrivare al parco. Un'altra ora e venti per rimontare il passeggino, più la tasca sotto e mettici pure la stanchezza di averlo già smontato. Un quarto d'ora per attraversare la strada nell'ora di punta.

Passeggiatina al parco ✔

Hai detto cazzo.

Al parco giochi.

Bambina si fa i fatti suoi sull'altalena. Bambino ogni tanto passa, la guarda, si ferma e le urla:

- Ma tu chi sei?

Alla quarta volta di «Ma tu chi sei?», una mamma sufficientemente distante, ma non abbastanza distante dall'orecchio esperto di MdM2, sussurra distrattamente: «Stocazzo».

Ed è subito sera.

MdM2 condivide lo spaesamento della genitorialità con un compagno, il succitato Uomo che non deve cucinare mai. Costui talvolta rientra dal lavoro ben oltre l'ora di cena; MdM2 per altrettanti motivi lavorativi talvolta non rientra proprio, perché a Casadimerda abbiamo superato a destra il concetto di parità dei sessi e l'abbiamo pure doppiato. Almeno sui fondamentali ci siamo.

Quando l'Uomo che non deve cucinare mai rientra tardi, MdM2 ha inventato una cosa chiamata «serata ragazze», perché dire «stasera mangiamo quattro cazzate in padella sul divano mentre guardiamo la televisione» era troppo lungo.

Ma oggi MdM2 ha voluto strafare: in uno slancio di inguaribile ottimismo ha proposto alla Bambina senza sentimenti pizza e cinema. Entusiasmo generale, acclamazione, trionfo.

MdM2 arriva al cinema prima della cena, in largo anticipo per assicurarsi i posti migliori, tronfia, un po' perché non le capitava dalla Maturità di arrivare in anticipo, un po' perché si sente la madre dell'anno.

- Due biglietti per *Il Re Leone*.

- Sono tredici euro.

MdM2 apre il portafoglio con disinvoltura. Un gesto banalissimo, soprattutto quando hai figli.

Inspiegabile assenza di bancomat.

Ecco, la nota a margine è che il simpatico vezzo che MdM2 ha mantenuto, come ricordo di un'adolescenza protratta, è girare sempre senza contanti. Non si sa bene il perché, ci stiamo lavorando. Credo sia legato a una sorta di sindrome abbandonica, un'ansia da distacco che la carta di credito risolve in maniera quasi atraumatica fino al mese successivo.

Apre tutto. Trova trenta euro stantii. Siamo salve. Comincia a riflettere a voce alta.

- Un attimo. Se pago tredici euro non ho i soldi per mangiare.

- Signora, la posso aiutare?

- Un attimo, le ho detto. Sto facendo i conti. Ho fatto il Liceo classico. La matematica era facoltativa come l'ora di religione.

- Signora, trenta meno tredici fa diciassette.

- Grazie.

- Prego.

Nel frattempo comincia a formarsi una discreta filuccia. Perché la figura di merda chiama gente.

- Signora, per caso ha qualche sconto?

- Ah, sì! Ho quello della Wind.

- La Tre, signora.

- Sì, la Tre.

Per uno strano miracolo di Natale a settembre, MdM2 trova la tessera.

- Questa non è più valida, signora. Ora funziona solo l'applicazione.

- Un attimo che la scarico.

Fila.

- Non va la connessione. Avete il Wi-Fi?

- ...

- Ma tu guarda. Una volta che uno potrebbe utilizzare uno sconto.

Fila.

- Signora...

- Ok, mi dia due biglietti per il primo spettacolo. Quant'è?

- Sono sempre tredici euro.

MdM2 esce dal cinema e comincia a pensare che ora dovrà risolvere la questione Bambina senza sentimenti affamata alla quale era stata promessa una cena insieme.

Dalla vetrina di un bar si intravede un bancone con delle patatine all'ultimo stadio e due tramezzini rancidi.

- Ti va un aperitivo?

Bambina senza sentimenti guarda MdM2 senza parlare forse per la prima volta in quattro anni di vita.

Siamo in Italia e neanche una cazzo di pizzeria al taglio aperta nel raggio di cinquecento metri. Il fattore tempo comincia a non essere dalla nostra parte. MdM2 si siede nella trattoria più rognosa che vede, fa due rapidi calcoli che non sa fare, figurarsi rapidamente. Dovrebbero venirci sicure due margherite, nel dubbio una sola bottiglietta d'acqua da mezzo litro. Il tempo scorre. Mancano dieci minuti allo spettacolo. Bambina senza sentimenti è anche Bambina più lenta del mondo.

Cos'è il Genio? Rapidità di esecuzione.

- Pronto, buonasera sono la signora della Tre, quella che non ha i soldi. Siccome siamo riuscite a comprare da mangiare, ci può mica spostare allo spettacolo successivo?

E via. Come perle.

Non si sa su quali basi, mi cullo per un po' nell'idea che il tizio allo sportello possa vedermi come una gagliardissima mamma single. Poi penso che in una dimensione parallela esista un blog che si chiama bigliettaiodimerda, in cui verrà raccontata questa storia.

Verificate per favore, dopo aver chiuso questo libro.

A questo punto ci rimane un'altra ora da trascorrere senza soldi. Ci fermiamo in una piazza a giocare con l'unica cosa che abbiamo a disposizione: una bottiglietta di plastica. Praticamente un film di Pasolini - con la plastica.

Torniamo al cinema.

- Buonasera sono la sign...

- Sì, signora. Sappiamo chi è.

- Bene, guardi incredibilmente mi sono avanzate delle monete per i pop corn.

- Vuole anche dell'acqua?

Bambina senza sentimenti che non si fa mai i cazzi suoi:

- No, mamma ha riempito la bottiglietta alla fontana.

Film - che scopro non essere un cartone - lacrime, canzoncine, rilacrime.

Bambina senza sentimenti, imperturbabile - mentre MdM2 si strappa i capelli dal dolore -, pronuncia una sola frase riferita al film, in mezzo a tutto il grande monologo che ha sciorinato per l'intera durata:

- Spero che Scar muoia.

Usciamo quasi indenni psicologicamente, ma molto soddisfatte dalla proiezione e ci soffermiamo di nuovo nell'atrio del cinema dove ci sono le locandine dei film in uscita:

- Cosa ti è piaciuto più di tutto, Bambina senza sentimenti?

- Gli occhi di *IT*, laggiù.

LEGGERE VOGUE

[E vomitare un Cosmopolitan]

Vai a comprare un paio di scarpe per tua figlia, e ogni anno manca solo la sua misura; ti serve una magliettina, un grembiulino, dei pantaloni: stai sicura che l'unica taglia non disponibile è quella lì.

Morirò senza aver visto mia figlia vestita con abiti proporzionati alla sua statura. Ormai la mattina mi guarda e da sola mi fa:

- Me le arrotolo?

A questo punto le possibilità sono due: o c'è una produzione limitata di alcune misure per oscuri motivi di mercato, oppure nel 2014 si è scopato parecchio.

Queste cose a Victoria Beckam non capiterebbero, mai.

È proprio che ci sta simpatica Vic, perché se c'è una sua caratteristica che salta subito all'occhio è la grande solarità che emana.

Victoria raggiunge la fama planetaria nel 1994 come membro della band femminile Spice Girls, e se non le conosci sei troppo giovane per leggere questo libro.

Le viene dato il soprannome di *Posh*, letteralmente «snob, chic, elegante», per lo stile che la contraddistingue. Il che ci porta a fare una riflessione seria sul concetto di eleganza negli anni Novanta.

Dopo aver scalato tutte le classifiche mondiali con il suo gruppo, Posh Spice tenta la carriera solista come le altre, uscendone come la componente con meno vendite all'attivo, davvero inspiegabilmente. Si dedica dunque alla moda, ottenendo grandi risultati come stilista e ricevendo per questo una prestigiosa onorificenza da Sua Maestà. Chi non possiede un accessorietto di Victoria Beckham?

All'approssimarsi del nuovo Millennio, anche la vita affettiva della nostra divona subisce una svolta e, nel 1999, sposa quel pezzo di calciatore di David Beckham, festeggiando le nozze nel castello irlandese di Luttrellstown, all'insegna della sobrietà che da sempre caratterizza la coppia.

Dall'unione nascono Brooklyn Joseph, Romeo James, Cruz David e Harper Seven. Quando alle 18, ora di Greenwich, Victoria comincia a chiamare i figli a tavola, più che l'ora di cena sembra una sessione di Nomi-Cose-Città strillata. Perché in fondo tutto il mondo è paese, e MdM2 vuole credere che non solo in casa sua l'ora dei pasti sembri un blitz dei Nocs: «Tu. Vieni qua. Mettiti seduto. Ti ho detto: stai seduto e non ti muovere. Alzati o ammazzo tuo padre».

Quando ha compiuto gli anni, la Posh mamma ha affidato alla rete il suo messaggio d'amore per i figli, allegando l'immagine della torta da loro donatale, un pezzo di spugna secca con un'idea di fragole ipocaloriche: «Quanto mi conoscono», non si capisce bene se riferendosi alla sua passione per le spugne fruttate o per le diete che sembrano essere l'autentica vocazione della cantante, modella, nonché stilista inglese.

Gli attestati di affetto per la sua famiglia fioriscono sulle labbra di Victoria, come quando ha dichiarato che il ruolo di suo marito è di essere bello, mentre lei è quella simpatica (pensa te quanto ci si può sbagliare nella vita!). Niente meno, uno dei consigli che elargisce più spesso alla figlia è proprio quello di sorridere tanto. Me la immagino mentre glielo suggerisce con quella sua tipica espressione di una che ha appena assaggiato un cucchiaino di merda. Ma in fondo quante sciocchezze siamo costrette a dire da madri, tipo che l'alcool fa male.

Comunque, Victoria, la tua massima, con la quale ti collochiamo definitivamente nell'Olimpo, è quella che recita che con un paio di occhiali scuri e dei tacchi alti si nascondono tutti i difetti.

Se intendiamo degli occhiali quarantadue pollici e dei tacchi da puntellare direttamente sotto al culo, ci trovi perfettamente d'accordo.

VACANZEDIMERDA

[Intermezzi esotici e non]

L'anno del dragone [MdM1: dalla Cina con Furore]

Sono due le parole che dovrete immediatamente imparare in Cina: *xie xie* (*sciscìè*), ovvero «grazie», indispensabile vocabolo per i ben educati, e *pinda shoei*, ovvero «acqua fredda». Questo perché in caso doveste avere sete - e ne avrete, vista la gradevole e costante temperatura impostata sul livello forno crematorio -, se anche doveste riuscire a far capire al vostro interlocutore barista/ristoratore che avete bisogno di «water, *glugluglu*, acqua», ve la vedrete portare irrimediabilmente bollente. Non chiedetemi perché, ma i cinesi adorano l'acqua calda, come se l'avessero appena scoperta. A questo punto avete due alternative: aspettare che si raffreddi o imparare le due paroline magiche che vi spalancheranno le porte dei frigoriferi, a seconda di quanta sete abbiate.

Da queste parti gli occidentali sono rarissimi, ma i bambini occidentali sono decisamente introvabili. Probabilmente - azzardo un'ipotesi - per via delle ventotto ore necessarie per raggiungere questo luogo ameno: viaggio che contempla tutti i mezzi di trasporto, fatta eccezione per il dorso di mulo e la cavalcata in unicorno.

Capita quindi che, nonostante vesta le due erinni in modo sobrio, i loro tondi occhi azzurri e i capelli biondi attirino l'attenzione più degli abiti di tulle fluorescente con lucine al neon intermittenti che sono solite indossare le loro coetanee cinesi.

Insomma, siamo delle star!

Ormai ci stiamo abituando ai telefoni puntati che girano video più o meno palesi. I più coraggiosi ci fermano e ci chiedono di scattarsi una foto con noi; le bambine ricevono ogni sorta di regalino e tutti fanno a gara per parlarci, ovviamente in cinese, ovviamente non ci capiamo, ma quanti sorrisi elargiamo, e quanti *nihao* lanciamo a destra e a manca, sventolando la manina come fossimo la famiglia reale inglese sul tappeto rosso.

Se per caso c'è un bambino piccolo nei pareggi, i nonni ce lo portano perché possiamo benedirlo, ehm, pardon, toccarlo. Insomma, ancora non siamo in grado di fare i miracoli, ma dateci qualche altro giorno e forse riusciremo a dire *zàijiàn* (*bye bye*) con la giusta intonazione, in modo che non capiscano, invece, «sei a casa», «Pechino», «in verità» e tutte le altre assurdità che abbiamo detto.

Inizialmente le bambine erano intimidite da tanta popolarità ma ho spiegato loro che è nostra responsabilità dare qualche piccola soddisfazione ai fan, così ora le loro pose sono più sorridenti e instagrammabili, anche se Instagram qui è vietato e non sanno nemmeno cos'è.

Ho il sospetto, però, che finché continueranno a farci pagare il conto nei ristoranti non avremo raggiunto la vera fama.

Prima di approdare in Cina, ero stata avvisata di quanto fosse complesso comunicare in questo Paese: nessuno parla inglese. Mi ero quindi premunita di una app di traduzione simultanea cinese/italiano pensando così di aver risolto ogni problema. Immaginavo già le amabili conversazioni con i vecchini al mercato, rese possibili dall'incredibile ritrovato tecnologico.

Che tenerezza mi faccio ripensandoci adesso, quanta ingenuità!

Tutti i miei tentativi si sono rivelati fallimentari, che si trattasse di ordinare qualcosa al ristorante o chiedere un'informazione, o dare un'indicazione ai tassisti (se si fermano, spesso quando vedono che siamo occidentali non ci caricano perché già sanno che finiranno nel buco nero della traduzione e sgommano verso clienti più semplici da accontentare). La reazione era sempre la stessa: io parlavo nel microfono in italiano, la app ci pensava qualche secondo e poi traduceva in cinese. A questo punto i miei occhioni pieni di speranza scrutavano quelli del mio interlocutore, il quale assumeva puntualmente l'espressione della carpa agonizzante. Non ha capito. Anzi, peggio, pensa che sia pazza. Mi sorride come si fa con quelli per cui si prova infinita pena e scuote la testa.

Lo schemino si è ripetuto sempre uguale fino a ieri, quando ho avuto la brillante idea di portare le due, rinominate ultimamente «Non toccare» e «Vieni qui», al maneggio, in un posto sperduto e infatti ci siamo perse. Ho chiesto a chiunque dove fossero i cavalli, siamo arrivate a nitrire e sbuffare per farci capire.

- *Nǐ zhīdào mǎ zài nǎlǐ ma*? Dove sono i cavalli? - la mia app chiedeva instancabile.

Finché troviamo lui, l'uomo dal mignolo lungamente unghiuto, il suo sguardo viene attraversato da un insolito guizzo, lo vedo che ha capito, finalmente ci siamo, mi risponde, pendiamo dalle sue labbra di oracolo: che intelligente è, unghietta nostra! Parla nel telefono, la app ci pensa e finalmente traduce:

- La nuvola bianca sopra di noi - mentre il mignolo indica il cielo.

Quando il dito indica la luna, lo stolto guarda il dito e non potrebbe essere altrimenti in questo caso: mi sento decisamente stolta e il suo dito è ipnotico.

Ironia della sorte, cercavamo cavalli, abbiamo trovato cavallo pazzo!

Ora la app è diventata un gioco che ci fa ridere tantissimo: ripetiamo le parole in cinese e vediamo cosa diciamo in realtà, è incredibile quante cose diverse si possano dire in cinese credendo di ripetere sempre la stessa, basta infatti cambiare leggermente l'intonazione per stravolgerne il significato. Inoltre ci è stato spiegato che il modo di parlare e i vocaboli variano molto da regione a regione, mentre la app parla un mandarino ufficiale che è ben lungi dall'essere universale.

Ed è così che, in una delle innumerevoli possibilità, sai dove sono i cavalli diventa: «Sai cosa sei?».

Volete sapere in quale figura di merda intercontinentale carpiata si è cimentata la vostra MdM1?

La capa cinese di maritodimerda ha invitato me, «Metti giù i piedi» e «Stai ferma» a esplorare una grotta. Io, molto accondiscendente, anche se della grotta non potrebbe importarmi meno:

- Ah, sì, wow, la grotta, farà freddo, va bene, certo ci vestiremo in modo adatto, d'accordo.

Poi abbiamo parlato anche della piscina:

- Ah, sì, certo, loro adorano nuotare, poi con questo caldo, wow, sì, grazie.

Non so esattamente a che punto i neuroni portatori delle due informazioni si siano scontrati... Come ci siamo presentate all'appuntamento? In costume da bagno, protezione cinquanta, infradito e asciugamano, convinte di andare in piscina. Elegantemente o sadicamente, la capa cinese non ha commentato.

Dopo un'ora di auto, mi assale un dubbio che mi gela il sangue, eppure il caschetto da minatore e gli scarponcini da montagna del figlio di lei avrebbero dovuto insospettirmi da tempo, ma questi cinesi sono così naif nel modo di vestire e io così rincoglionita che mi era sembrato tutto normale.

- M... maaa... non stiamo andando in piscina? - biascico vergognandomi.

- No alla grotta!

Cinque gradi, pavimento scivoloso e bagnato, zaino in spalla con maschera e tubo, un telo mare sulle spalle, ma grazie cinesi per essere così strambi da non aver lasciato fossimo noi la medaglia d'argento della gara «peggior equipaggiamento per le grotte 2019», dopo la squadra di calcio thailandese: ho visto una signora con i tacchi! Ce la giochiamo, vero?

Un'altra pillola dalla Cina è all'insegna della divulgazione scientifica, da leggere rigorosamente con la voce di Alberto Angela. Vi porterò infatti a Nanwan, conosciuta anche come Monkey Island, una riserva naturale popolata da circa duemila macachi che si trova ad Hainan, isola tropicale a sud della Cina di fronte al Vietnam.

Un posto brulicante di scimmiette moleste specializzate in scassinamento di zaini e furto con destrezza da borsette con un solo scopo: trovare e rubare cibo. Sono anche piuttosto esigenti, le stronze (scusa, Alberto riprendo la scena): accettano di buon grado la frutta e si scannano per una nocciolina, ma se provi a rifilare loro un orrendo spaghetto finto italiano lo sminuzzano e te lo lanciano addosso, sdegnate.

Ancora da valutare se la causa di tale comportamento sia da ricercare nel nazionalismo sfrenato, sono pur sempre scimmie cinesi, o più probabilmente l'aggettivo orrendo è sufficientemente esplicativo del grado di schifo che può fare un piatto di spaghetti freddi, scotti, conditi con una melma marroncina non ben identificata concentrata al centro del piatto.

Giriamo l'angolo e veniamo conquistati da una scena dolcissima: mamma macaca che allatta e spulcia teneramente i piccoli macachini.

Intenerita e ammirata dall'abilità multitasking della scimmia, tanto da pensare di passarle anche le mie per un check pidocchi, decido di lanciarle qualche nocciolina: la mamma macaca si avventa su di esse con una foga disdicevole per una signora scimmia, ma ecco che uno dei suoi piccoli riesce a sottrarne una alle sue grinfie e lei lo ribalta letteralmente, lo morde, lo percuote, recupera la nocciolina e se la mangia. Il piccolo mortificato si rintana in un angolo a leccarsi le ferite. Pensateci la prossima volta che starete prendendo l'aperitivo e uno dei vostri cuccioli comincerà a rompervi le palle, minacciando quiete e noccioline.

- Dobbiamo dare retta alla natura ma siamo noi la natura - ha commentato un giorno figlia1, arrivando autonomamente a capire che i nostri impulsi sono naturali e in quanto tali vanno, nei limiti del rispetto altrui, assecondati. Se avete necessità di quella nocciolina, prendetevela!

Cosa avrebbe scritto Hemingway se anziché approdare a Cuba negli anni Cinquanta fosse sbarcato ad Hainan nel 2019?

Ecco a voi una spregiudicata ipotesi della trama de

Il cinese e il mare

Il cinese arrivava alla spiaggia completamente vestito, come lo sareste voi in un freddo giorno di pioggia, con il suo ombrello aperto che sapeva di diffidenza e di rivendicazione etimologica del proprio nome, un enorme salvagente a forma di ciambella morsa, gonfio come la vita che cingeva.

I segnali erano chiari: egli odiava il mare, il sole e non sapeva nuotare.

Sfoderava il suo smart phone dal bavaglino di plastica trasparente appeso al collo e, così conciato, cominciava a immortalarsi in innumerevoli selfie, senza alcuna vergogna, come nemmeno un surfista californiano addominaluto avrebbe mai osato. Alternava una foto a uno sputo, con quella rincorsa gutturale tipica di chi necessita di raschiar via dalla gola fino all'ultima goccia di catarro, il quale atterrava come un proiettile sulla sabbia, bolo verdognolo, accanto ai suoi piedi, anch'essi avvolti da enormi ciabattoni fucsia in plastica morbida.

La spiaggia era vuota, in compenso il bagnasciuga e i primi metri dei tratti di mare, delimitati da cordoni dove era consentito bagnarsi, brulicavano di cinesi, tutti abbigliati in modo analogo. Nessuno si sdraiava sulla sabbia, rimanevano in piedi o al limite seduti in prossimità della riva.

Nessuno nuotava, ciononostante bagnini isterici ammonivano la folla in acqua a colpi di fischietto; lo scopo di tale trivellamento di timpani restava incompreso, così come avvolte nel mistero rimanevano le supposte capacità natatorie di questi simpatici figli di Eolo, sicuramente dotati di una buona capacità polmonare testimoniata dal continuo richiamo di Satana: Friii*!!!*

Le attività prevalenti, oltre ai selfie, erano giri su banana boat, moto ad acqua, motoscafi e qualsiasi altro tipo di giostra marina fabbricabrividi e rubasoldi possibile.

Erano ottantaquattro giorni ormai che il cinese si recava alla spiaggia e non toccava l'acqua.

A questo punto il nostro Ernest, profondamente frustrato dalla totale mancanza di spunti poetici, avrebbe abbandonato il progetto ripiegando sul cocktail bar di uno dei mille resort della costa e, dopo aver constatato l'impossibilità di ottenere un mojito decente, si sarebbe accontentato di uno *splitz*, preparato con alcolici di dubbio gusto ma giustamente arancioni.

Esattamente come MdM1 che, abbandonata ogni velleità di farsi una pacifica nuotata, ha un nuovo pensiero fisso, condiviso con PdM1 il quale ha un piano: buttare a mare il bagnino. In questo modo potremo liberarci dall'orrido fischio e soprattutto rispondere alla curiosità che ci attanaglia: saprà nuotare?

Surfin' bird

È consuetudine da ormai sette anni organizzare le ferie o una parte di esse con i due fratelli di PdM1, che ribattezzeremo da ora in avanti, per motivi di comodità e privacy, i Marines.

I Marines sono maschi alfa, aborrono le comodità della vita moderna, se ci fossero due strade per giungere in uno stesso luogo, una perfettamente asfaltata e percorribile in auto e l'altra una mulattiera pedonale inerpicata per chilometri sui monti, tra sabbie mobili, mine antiuomo e coccodrilli, potete stare certe che sceglieranno sempre la seconda, ma solo in presenza di sole allo zenit e una quantità importante di bambini sotto i dieci anni.

Proporre di affittare ombrellone e lettini sullo spiaggione attrezzato suonerebbe come pronunciare una bestemmia in chiesa durante la messa, come una resa incondizionata di fronte al nemico, chi mai osasse suggerire un simile scenario verrebbe immediatamente costretto a eseguire duecento flessioni e trenta minuti di corsa sul posto.

Così ogni giorno la truppa si avvia verso una destinazione, la più amena e impervia possibile e, armata di zaini dal peso di un Ak47 e razioni K per sopravvivere nella caletta ovviamente sprovvista di chiringuito. Ci si avventura verso la meta a bordo del veicolo da combattimento della fanteria (ovvero la macchina presa a noleggio, versione basic).

Giunti sul posto, dopo aver percorso il succitato sentiero (è incredibile quante stradine sempre diverse e sempre ostili alla vita umana si celino in prossimità del mare), i Marines partono per le ricognizioni strategiche per la definizione topografica del luogo, accannandoti con la fanteria disidratata e richiestiva, ma state pur certe che al loro ritorno avranno individuato il luogo migliore per insediare l'accampamento. Sempre che vi ritrovino.

La carenza di ombra viene prontamente ovviata grazie a una costruzione messapica di giunchi, relitti e teli mare.

I Marines non vanno a farsi una nuotata, loro effettuano ricognizioni marine per l'individuazione e la mappatura delle tane dei polpi da attaccare a mani nude al tramonto. Andare in pescheria è da perdenti, ci si nutre di ciò che si caccia!

Il mantra è: No Relax!

Ma l'ammutinamento merdista è sempre dietro l'angolo...

PARTENZE DEFICIENTI

[Vacanze ignoranti]

Di quando in vacanza per stare un'ora da sola dici: «Vado a correre»,
ma l'ultima volta risale alla Corsa campestre in Terza media

Volevo innanzitutto salutare tutti quelli che dicono che gli stranieri vanno dappertutto con i bambini. *Big Ciao*.

La mattina del primo giorno delle vacanze estive ti chiudi in bagno con il cellulare e cominci a mandare messaggi per contare le perdite, mentre fuori dalla porta già infuria la rivoluzione.

Sono lontani i giorni in cui il sabato mattina ti mandavi i resoconti della serata precedente con le amiche. Adesso solo grida di disperazione. In vacanza ancora di più.

La prima amica ti risponde che sta partendo per cinque giorni di lavoro, aggiungendo: «Sempre troppo pochi».

Un'altra ti manda la foto del figlio di un anno con l'espressione del puttino della Madonna Sistina e la didascalia: «Ho un pannolino pieno di merda e nessuno che se ne voglia prendere carico».

In una chat, un'altra racconta che deve fare un intervento e rimanere dieci giorni in ospedale. Una le risponde: «Wow, beata te!».

Torniamo a «gli stranieri vanno dappertutto con i bambini».

MdM1 e MdM2, con la loro proverbiale scarsa avvedutezza, tre anni fa hanno accettato una sfida persa in partenza: andare in vacanza da sole con tre bambine. Come gettarsi in pasto ai cani dopo essersi frizionate con della carne cruda.

Chiaramente il racconto di vita potrebbe già chiudersi sull'enunciato «andare in vacanza con bambini», e tanti cari saluti. Fa già ridere così.

Ma le nostre eroine sprezzanti del pericolo, soprattutto dimentiche della leggendaria inadeguatezza, ci hanno veramente creduto. Per due ore. Il tempo di arrivare in aeroporto con tre bambine, tre seggiolini, un passeggino, valigie e borse che manco uno sfratto esecutivo, sette crolli nervosi a testa di tutte le partecipanti al viaggio, che tutti i sogni ancora in volo erano già stati presi a copiose sassate.

La settimana di ferie è trascorsa senza alcun l'hanno proprio sentita, perché il tempo vola quandc un'armonia collettiva di crisi di pianto a intermitten spolverata di gelosie reciproche e ripicche, pranzi a interrogatori di Guantanamo che a momenti lavatrice la cui unica funzione utilizzabile era «risciacqu fredda». Una piccola tribù di femmine isteriche, malnutrite e a. leggermente sporche che si aggirava in stato confusionale per la Sicilia tra scrosci di pioggia e botte di caldo improvvise.

Nel pieno di questo matto divertimento, nell'unica ora continuata di sole della settimana, le nostre, stremate dal martirio non solo nel corpo, prendono stranamente l'unica decisione sensata e possibile: parcheggiamole al parco giochi.

Eccolo, l'unico reale istante di felicità che le due genitrici conservano gelosamente nei loro ricordi: sudate, con i capelli appiccicati dalla caldazza, una doccia in due in sette giorni, i lineamenti trasfigurati, un pietoso tentativo di trucco scolato, ma libere. Libere. Una birra in mano. In sette giorni. Perché l'alcool ti trova quando ti deve trovare, e ti viene a salvare. È un po' come l'allattamento a richiesta: anche le mamme hanno bisogno del loro biberon. E ne approfittiamo per rassicurare Greta Thunberg che non c'è stato nessuno spreco, nessuna goccia è andata persa, e soprattutto abbiamo pensato al pianeta, utilizzando bottiglie riciclabili rigorosamente in vetro.

La regola aurea rimane per ogni Riviera la stessa: al mare tutte le altre bambine hanno salvagenti di *Frozen* e *Hello Kitty* e cavalcano gonfiabili da sogno con cinquanta sfumature di rosa.

La tua ha la ciambella di *Cars. Motori ruggenti*, perché te la sei dimenticata e hai comprato l'ultima rimasta dal giornalaio, e fluttua su uno squalo grigio che la Bambina senza sentimenti chiama «lo squalaccio», perché l'unicorno costava troppo.

Tu donna partorirai con dolore e ovunque andrai ricomprerai paletta e secchiello.

Torniamo, per la seconda volta, a «gli stranieri vanno dappertutto con i bambini».

Dopo una vita da globe-trotter di viaggi pazzi, in condizioni disperate, in solitaria, in gruppo, pianificati, all'avventura, turista ce sarai te, io sono viaggiatrice, a contatto con i locali, a cogliere lo spirito vero del luogo, a mangiare con le mani, a emozionarsi nocchiando cavallette tostate davanti a un tramonto, ad beverarsi dalle pozzanghere come lo gnu, MdM2 si è cacata il cazzo.

Ha provato negli ultimi quattro anni a replicare lo stesso schema, perché insomma, li avete visti gli australiani? Non lo sanno manco loro dove abitano nel globo, eppure te li ritrovi dappertutto con questi bambini zozzissimi. E i francesi? I francesi li odiano i bambini, eppure se li trascinano ovunque a fare le vacanze che dicono loro. Poi sulla spiaggia quando il figlio da sotto la sua tendina Decathlon, dentro la quale lo hanno saldato, dice: «Maman, avrei un pelo di fame», Maman lo guarda con il libro in mano, gli risponde senza mai alzare la voce: «Lo vedo», lo sfama con una carezza elegantissima, gli indica una pesca nella borsa di vimini e si gira di nuovo a farsi i cazzi suoi. Protocollo esteso e applicato anche alla politica internazionale.

Dalla nascita della Bambina senza sentimenti, che assumeremo convenzionalmente come anno zero, per MdM2 le vacanze hanno smesso di essere tali. Solo un grande, immenso, smisurato bucio di culo con l'eco.

E allora ciao partenze intelligenti.

Io quest'anno voglio le vacanze ignoranti: vado al villaggio all inclusive, con il buffet sempiterno e autorigenerante, con il miniclub, lo schiavo che mi mette l'ombrellone tutte le mattine e il lettino attaccato all'anca della vicina. Non mi importa. Voglio passare una settimana a valutare i tempi della sua ricrescita inguinale. Voglio guardare gli animatori bullizzare gli ospiti davanti a tutta la spiaggia durante il gioco aperitivo e trovarli super simpatici. Voglio tirarmi per andare a cena come quei cavalli arabi ai quali fanno le trecce, mettono frange sulla sella e appongono specchietti anche all'ano. Voglio ballare le cazzo di *Cicale* tutte le sere, voglio bere amari locali a costo zero e cocktail pieni di ghiaccio carissimi, voglio essere rapinata ma col sorriso; voglio la discoteca dove Gigi Dag ancora se la comanda e infine voglio lasciare recensioni su TripAdvisor in cui saluto Lello del bar che è troppo un bomber.

Ciao, MdM1, goditi il tuo tour culturale dell'Andalusia con i Marines, PdM1 e figlie 1 e 2. MdM2 ti saluta dal villaggio per famiglie. In un punto qualsiasi dell'Italia.

Ti ho sentita dire a pranzo a tuo figlio:

- Se non magni bene te porto allo zoo.

Quando il piccolo Renatopozzetto con la maschera ti ha urlato dall'acqua:

- Ma', ce sta il pesce-piadina!

Tu gli hai risposto:

- Stai sempre a pensa' a magna', mortacci tua!

So che ci sei. So che sei qui.

I pasti al villaggio per famiglie sono uno di quei momenti in cui l'umanità si rivela. L'altro grande terreno di scontro tra civiltà sono i lettini in spiaggia, ma questo è un argomento altro.

Non voglio analizzare le curiose abitudini alimentari da ospite di villaggio, e nemmeno quella blanda aggressività che viene fuori davanti a un buffet, quanto ancora, di nuovo, sempre, il merdismo mai ti abbandona.

Hai sperato che l'ampia scelta di pietanze incuriosisse tua figlia e fosse naturalmente attratta a mangiare qualcosa che non fosse pasta in bianco e prosciutto cotto. Invece, pensa, lei continua a scegliere proprio pasta in bianco e prosciutto cotto - colazione, pranzo e cena. Indovino quanto hai provato tu a farla desistere? Mezzo pasto. Manco uno intero. Intorno a te non vedi altre grandi combattenti - perché la mammadimerda il senso di inadeguatezza se lo porta in vacanza, non lo lascia a casa, e teme sempre di essere scoperta.

Poi, all'improvviso, segni di vita merdica fuori di te: al distributore di bevande, una donna pigia il pulsante aspettando serenamente che il timido filino di vino che scende riempia la caraffa.

- Vedi come esce? Lo fanno per stancarmi. Non sanno che ho due figli e una grande pazienza.

Eccoti. Finalmente.

Tutto prima o poi finisce, così come la settimana al villaggio.

MdM2 transuma in una casa vacanze.

I vicini sono perfetti, ascoltano la stessa musica, le nostre figlie legano indissolubilmente. Sembra l'inizio di una lunga storia d'amore. Invece è solo una breve storia triste.

Essi non bevono.

Nonostante l'astinenza, continuo a sbagliare il nome di mia figlia. Siamo a Pisa. Per associazione la chiamo Lisa. Ora vuole essere chiamata Lisa.

Torniamo, per la terza volta, a «gli stranieri vanno dappertutto con i bambini». E chiudiamola lì.

È domenica. Ti svegli piena di buone intenzioni e decidi di portare la Bambina senza sentimenti a trascorrere la giornata al Bosco incantato perché oggi ti senti una persona meglio e una mamma da competizione.

A metà dell'autostrada comincia a impuntarsi che non vuole andare perché ci sono gli orchi. Cerchi di convincerla che è un posto meraviglioso e che sputerete a tutti gli orchi, tiri fuori il meglio di te in quanto a persuasione e pazienza, ma lei no, ha deciso che il bosco fa schifo (falso), la domenica fa schifo (falso ma un po' vero) e la macchina puzza (vero).

Dentro, ti parte il grande monologo interiore: «Ma che cazzo me ne frega a me del Bosco incantato? Io volevo andare all'Ikea e lasciare te e tuo padre allo Småland. Buttare duecento carte in sturacessi fucsia svedesi e passare tutto il viaggio di ritorno a convincere tuo padre di quanto spazio ci faranno risparmiare quelle imprescindibili grigliette con le ventose; poi arrivata a casa svuotare il feticcio blu, il bustone 80×60 che ti mette allegria solo a vederlo posato per terra in salone, guardarlo e pensare che lì dentro c'è la svolta al mio disordine, impilare le confezioni di tovaglioli per gradazione di colore, dividendo colori caldi e colori freddi. E poi cercare di ricordare il motivo che mi ha spinto a comprare le ennesime ciotoline, ché non invito gente a casa dal finale di *Lost*. Probabilmente erano solo irresistibili senza alcuna virtù come molti dei miei ex».

A questo punto delle tue divagazioni e della domenica, i capricci in macchina si sono fatti così ingestibili, che preferisci metterti a parlare con la tua colite, anch'essa indomabile al punto che neanche Enterogermina scoregge può nulla, ma almeno lei la capisci più di tua figlia e non si lamenta di andare al Bosco incantato. Prossimo fine settimana tutti a mangiare polpette di alce.

Loro, gli stranieri, vanno dappertutto.

UNA BOCCATA D'AEREO

[Sempre meglio dell'aerosol]

MdM2 attende fuori dall'aeroporto. Accanto a lei, una macchina parcheggiata e un uomo in piedi. All'arrivo dell'amata, Uomo in piedi apre il portabagagli da cui sbuca una bambina:
- Sorpresa!

Mogliedimerda si gira verso Babbodiminchia e,
senza neanche un ciao,
domanda appena appena interdetta:
- Da quanto è lì dentro?

Babbodiminchia avverte la perturbazione nella Forza.
Mogliesasperata va a sedersi in macchina.
Ora è di nuovo un Uomo in piedi che dice alla figlia:
- Adesso scendi che mi vergogno.

MdM2 si gode il suo momentaneo status di single
osservando famiglie in difficoltà.

MdM2 sale finalmente in aereo.
Poco prima del decollo spengono le luci e un bambino comincia a urlare disperato, chiede che vengano riaccese, vuole scendere, grida, grida, grida come di fronte alla Morte Nera. È in preda al panico puro.
All'improvviso da due file più indietro, come fossimo al cinema, una ragazza manco troppo giovane fa prendere aria all'utero e dà fiato alla bocca, dicendo a gran voce:
- Si-len-zio!
Un aereo intero si volta di scatto a guardarla. Insensibile alle figure di merda, ma soprattutto alla disperazione di un bambino, continua a berciare che i genitori devono intervenire, che lei vuole fare un volo in tranquillità, che forse vuole anche dormire. L'assistente di volo interviene per sedare la piccola sommossa di forconi che marciano in direzione della strega pazza - che comunque non sente ragioni, si sente in pieno diritto. Diritto di essere pazza.
Questo per dirvi che forse essere una mammadimerda non è il male maggiore. Nascere testadicazzo poteva essere molto peggio.

All'arrivo MdM2, stavolta con prole al seguito, fa la telefonata di rito a casa.

- Ciao ti manchiamo?

L'Uomo che non deve cucinare mai:

- Non so rispondere in questo momento.

Sono destabilizzato dal fischio d'inizio della partita.

L'Uomo che non deve cucinare mai e una palla di emozioni confuse.

L'ANNOSO PROBLEMA DELLE FESTIVITÀ

[Di merda]

Eight or Seven (or Eight) Candles

Compleanno della figlia: 14 settembre.

Giorno della festa organizzata in extremis, dopo le incessanti richieste della pargola: 28 ottobre.

- Mamma ma è la festa dei sette o degli otto anni?

Dolcetto o goccetto?

Halloween, per le mammedimerda, anche detta la notte de Li Mortacci.

Li Mortacci degli americani che ci hanno contagiato con questa usanza barbara del «dolcetto o scherzetto?», obbligando moralmente mamme agonizzanti ad accompagnare orde di bambini iper eccitati a bussare alla porta di ignari vicini, i quali nella migliore delle ipotesi regaleranno loro delle Rossana scadute, nella peggiore tireranno fuori la lupara.

Li Mortacci dei costumi, perché non bastava carnevale e agosto, no, adesso dobbiamo anche inventarci un travestimento a ottobre, perché vuoi mica traumatizzare tuo figlio mandandolo in giro in jeans quando tutti gli altri si vestono da strega/batman/fantaghirò sotto l'effetto di Lsd?

Li mortacci delle zucche intagliate e delle ragnatele finte, delle feste di paese, «Mamma, andiamo? Ti prego!».

Quest'anno abbiamo deciso: noi mammedimerda si farà «goccetto o scherzetto?», gireremo col bicchiere per avere un cicchetto, e al primo che chiederà: «Da cosa ti sei vestita?», risponderemo: «Da stronza (sbronza)!».

Natale con i tuoidimerda

Ogni madre di piccolo bambino sa che verso la metà di dicembre di ogni anno si tiene la temutissima recita di Natale dell'asilo, per cui verso fine novembre comincia a tremare, conscia che presto si troverà a dover fronteggiare le sadiche richieste delle maestre.

Quest'anno no. Quest'anno ci dedichiamo alla costruzione manuale di cose. Purtroppo, le maestre 2.0 navigano su internet, hanno Pinterest e prendono spunto. Così partono le richieste, ispirate dalla sezione «artigianato natalizio per tutti»: costruzione di una lanterna con materiale di recupero, mi raccomando, lumino a pila con lampadina e preparazione del materiale per un decoro a forma di stella. Questi «tutti» non abitano qui e comunque non sono io. La parola artigianato provoca in MdM1 un istantaneo rush cutaneo, non la sente sua. La classica città «bella ma non ci vivrei».

La lettura della consegna causa uno scompenso emotivo a MdM1 che, in piena fase della negazione, registra un mix delle due frasi ma il risultato rimane non meno inquietante della richiesta originaria: costruire lanterna a forma di stella.

Decide di scomporre il problema e affrontare primariamente l'ostacolo che le sembra più facilmente superabile, ovvero reperire il lumino ma, dopo averlo cercato ovunque si rende conto di avere a che fare con una chimera. Scandaglia internet, supermercati, negozi di bricolage, cartolerie. Quando l'unica opzione rimasta sembra andare a rubarne uno al cimitero, un'altra mammadimerda decide di infrangere il muro di omertà nella chat di classe, facendo cadere il velo di Maya:

- Scusate, ma i lumini... dove li avete trovati?

Viene fuori che siamo tutti nell'incubo, ma nessuno osava dichiararlo. Chi ha chiesto al parroco. Chi alle prostitute di corso Regina. Finché spunta lei, la mammabene (quella alla quale consigliamo saggiamente di fare tenerezza per venire aiutate in momenti come questo), che ha trovato i lumini e anzi ne ha già comprati due per precauzione il giorno stesso della consegna, a centocinquanta chilometri da casa, «ma per mio figlio questo e altro». Brava! Bene! Sei una figa! Prendilo anche per me, ti pregooo!

Risolto il primo rompicapo, MdM1 sa che sta solo rimandando il problema numero due. Man mano che si avvicina la data della festa, sente l'ansia salire ma finge noncuranza: «forse mia figlia si ammalerà e non potrà partecipare, povera piccola», pensa la sprovveduta.

La lanterna a forma di stella. Con materiale di recupero. MdM1, dovete sapere, disegna ancora come quando aveva otto anni: un cerchio per la faccia, un rettangolo per il busto, la bocca a forma di cuore ecc. Immaginate di quale fine abilità manuale disponga.

Improvvisamente un'epifania: MdM1 si ricorda di possedere un PdM, anche detto il Marine, che si dà il caso sia anche un designer di prodotto, problema risolto:

- Caro, avviamo una produzione di lanterne a forma di stella in Cina, qualcosa mi dice che spaccheranno!

La notte prima della recita il Marine la passa sveglio, a lavorare alacremente al progetto *Star Lamp*, creando con cartoncino, colla e sudore, uno stilosissimo modello tridimensionale di lanterna a forma di stella. Gaudio, giubilo, vittoria! Anche quest'anno ce l'abbiamo fatta!

Il giorno dopo, trionfante, MdM1 porta la creazione alle maestre e gliela lascia con finta noncuranza: non vuole fare sfoggio di tanta bellezza, facendo sfigurare gli sforzi grotteschi degli altri genitori, vuole sembrare umile e magnanima, quindi lascia il sacchetto e va via.

Il giorno seguente è quello della recita. MdM1 arriva trulla, con quella serenità di chi sa di aver fatto bene la verifica e si aspetta un voto alto, almeno un nove. Una secchiona che però ci tiene a non sembrare tale.

La sala è stata già allestita, le lanterne sono tutte in fila con i lumini accesi. Ci mette poco a vedere la sua. Qualcosa non deve aver funzionato. Le maestre non l'hanno capita, o forse hanno voluto ridimensionare apposta l'ego del creatore, era troppo bella rispetto alle altre!

La stella è lì. Ma anziché ergersi fiera e stilosa, è piatta e sembra un sottopentola. Il lumino è stato incollato al centro.

Fu così che la *Star Lamp* divenne un portacandele. Un meraviglioso centrotavola stellato. Ridimensionato come l'ego di MdM1.

La befana vien di notte e non è realistica

Dopo aver ricevuto una sostanziosa e ricca calza, la settenne ingrata si lancia in riflessioni filosofiche mettendo in seria crisi MdM1.

- Ma non è che sei tu che riempi la calza di notte e metti i regali a Natale, perché non credo che qualcuno possa volare a parte gli uccelli!

Gocciolina di sudore freddo. Codice rosso, *mayday*, *mayday*!

MdM1 sfodera tutta la diplomazia di cui è capace, che alti

funzionari dell'Onu al suo cospetto sembrano stagisti, e tira fuori alla Mary Poppins la risposta definitiva, quella paracula che non dice né sì né no per non perdere credibilità futura, che si sa che la iena è capace di rinfacciarti a vita il trauma di aver subìto la menzogna.

- Amore, è una magia alla quale, se vuoi, puoi credere - cinguetta.

Sbatte le ciglia due volte, occhi a forma di cuore, sorriso ebete, dai che l'ha convinta, ha rischiato grosso ma grazie al sangue freddo e alla faccia da culo l'ha intortata, tu bambina hai solo sette anni anche se parli come un'adolescente, dove credi di andare, eh? Sei piccola per aver già mangiato la foglia, poi scusa, come ti ricatto da settembre a dicembre?

Ma la nemica è implacabile e affonda.

- Sì, va bene, ma non è realistico.

Si guardano senza dirsi niente ma si capiscono al volo; va bene, figlia, tu sai che io so che tu sai, però, ti prego, lasciami ancora qualche anno, poi cresco te lo prometto. Nel frattempo, omertà totale.

Tu niente sai!

Memorandum per la notte dell'Epifania

1) Non mangiate adesso tutti i dolci, lasciatene un po' per riempire la calza. Il resto lo divorerete domani.

2) Ricordatevi di appendere un calzino pulito. Sicuramente non avrete passato gli ultimi giorni preparando un manufatto artigianale personalizzato, ma almeno l'igiene!

3) Fate lasciare dai bambini un bel bicchiere di vino per l'allegra vecchina: una scusa in più per bere un goccio.

4) Non addormentatevi prima di aver riempito la calza, pena una sveglia tremenda con corsa alla Bolt la mattina fatidica, per ovviare alla dimenticanza o, nel caso peggiore, il trauma, «La Befana non è passata, mamma, perché???».

5) Punti doppi a chi ricicla le caramelle ricevute ad Halloween, tripli se si tratta di quelle dell'anno scorso.

La ladra vien di notte col pigiama di pile

Sera.

Tutti a letto.

MdM1, ancora sveglia, si gode la libertà ritrovata.

La voglia di un dolcetto la assale.

La Befana è appena passata e ha lasciato leccornie di ogni tipo. Che sarà mai? Un piccolo furto cioccolatoso potrebbe concederselo!

Così, con fare circospetto, prende le calze delle figlie che dormono beate e ne sparpaglia il contenuto sul divano attorno a sé, alla ricerca del cioccolatino perfetto.

In quel momento il maritodimerda decide di andare in bagno, sorprendendo MdM1 sdraiata tra i dolciumi delle figlie. Prima ancora di poter fiatare, maritodimerda scatta una foto, con la quale ricatterà la povera ladra di qui all'eternità.

Mamma ruba caramelle: un classico trauma infantile!

3.100

[La festa delle feste]

3.100 non è il numero di partecipanti all'ultimo concerto di Nek, ma quello delle donne uccise da uomini dal 2000 (lo so, c'è chi tra le due ipotesi preferirebbe comunque far parte del secondo gruppo, ma non conta come festa vera e propria).

Qualcuno vorrebbe convincerci che il patriarcato, con quel sapore acidulo di rigurgito dovuto al panzerotto fritto, che nemmeno ti ricordi di aver mangiato anni fa ma che hai sempre avuto in bocca nonostante le mentine, sia meglio di come ce lo ricordiamo, di come ce lo hanno raccontato le nostre mamme, le nostre nonne. Nasciamo tutte con la gastrite.

Siamo una minoranza maggioritaria: puoi trovarci nelle cucine, nelle lavanderie; nei mercati; meno nei Consigli di Amministrazione e in generale ai vertici. Quello che ci separa dal successo non è solo lo studio, la perseveranza, l'ambizione e il sacrificio, è anche il bucato, il preparare la cena, gestire i figli. Che poi, cos'è questo successo? A che serve la carriera, quando puoi avere la soddisfazione di dire che come le stiri tu le camicie, nessuno mai! E come farebbero senza te, che curi il nido e consenti loro di avere la serenità e lo slancio necessario per inseguire il proprio di successo, liberandoli dalle incombenze terrene quotidiane!

«Avete voluto la parità?» e quindi vi beccate questa roba qua, potete (a volte dovete!) lavorare per contribuire economicamente, ma non potete abdicare a tutti gli altri doveri che avete sempre avuto, una Cenerentola operaia cocainomane, insomma, roba da rimpiangere i secoli scorsi quando almeno eravate mantenute. Se poi un Uomo, bontà sua, decidesse di contribuire al menage in modo atipico, cambiando pannolini, cucinando o addirittura stirando, ecco che un coro ammirato si solleverebbe per idolatrarlo e, spiace sentirlo, ma spesso le coriste sono donne.

In questo clima progressista, c'è chi non si vergogna di mettere in discussione alcuni diritti fondamentali conquistati con anni di lotte: divorzio, aborto, ruolo sociale, parità salariale (ah no, scusate). Lasciamoli fare e arriveranno al diritto di voto.

Ci sentiremmo anche parzialmente sollevate, vista la recente penuria di buone idee ma no, non ci starebbero facendo un favore.

Allora facciamo così: se proprio volete vietare l'aborto, va bene, ma dateci lo screening dell'intenzione di voto neonatale, almeno, all'annuncio «Signora, ha partorito un leghista!», potremo rispondere: «Datelo in adozione!».

Qualcosa però si può fare per cominciare a cambiare. Ritroviamoci solidali tra noi, smettiamo di aderire al modello maschile, giudicandoci.

Nessun uomo sarà mai feroce come una donna che critica una donna, spesso per le stesse cose che combatte in prima persona: cellulite e ricrescita. E se una ha fatto carriera ed è una bella donna l'ha data sicuramente a qualcuno, e se un uomo sposato ha l'amante, la poco di buono è lei, e così via. Avete mai sentito un uomo porsi così nei confronti degli altri uomini? No! Perché non è così che si fa lobby!

Fino a quando avremo bisogno di un giorno che ci festeggi è perché in realtà ci stanno facendo la festa.

Cominciamo a divertirci. Tutti i giorni. Facciamo noi la festa alle feste stronze.

PILLOLE

[In festa]

Anna Jarvis, l'inventrice della Festa della mamma,
non si è mai sposata e non ha avuto figli.
Sono tutte brave così a festeggiare.

- Ordinerò questo che costa di meno
disse MdM2 prima di Natale,
sentendosi molto furba
(English Version canzoni *Frozen*)

Hai nascosto così bene i regali per tua figlia
che quando te ne trovi davanti uno
non lo riconosci
e leggendo di sfuggita «La vagina magica»
ti chiedi quando puoi averla comprata.
Sicuramente dopo il parto.
(La Lavagna magica).

Festa di Carnevale.
- Hai mangiato?
Lo sai che quando si torna a casa dalle feste non si cena!

Ognuna ha le amichedimerda che si merita.
A te, che alla festa di Carnevale genitori e bambini,
non ti sei mascherata,
lasciandomi come una stronza
in parrucca e bacchetta magica,
auguro peli superflui.

Io sarò una mammadimerda,
ma tu che a Halloween metti nel cestino dei bambini
le caramelle Rossana?

NONNISMO

[La soluzione di cui non abusare]

Dove c'è mammadimerda, c'è quasi sempre nonnadimerda, che è la capostipite; quindi, ogni volta che parla, c'è solo da stare zitte e imparare come *non* si fa.

Nonnadimerda, detta il Demotivatore, è colei che quando hai ventilato l'ipotesi del secondo figlio non ti ha nemmeno guardata. Ti ha risposto solo:

- Tu MUORI.

Negli ultimi anni NdM2 ha iniziato a dimenticarsi il compleanno della sua unica figlia cercando di ammantare la figura di merda di simpatia o - a seconda della tecnica di mimetizzazione scelta sul momento, perché nonnadimerda è una fantasista - addirittura stizza. Quest'anno ha mandato un messaggio di auguri la notte che recitava: «Se non sono stata la prima, sarò quantomeno l'ultima!».

L'anno precedente ha cercato di convincere MdM2 che il suo compleanno fosse un giorno dopo, piccandosi non poco poiché lei c'era quel giorno e lo ben sapeva (è evidente che la carta «parto» vale sempre, anche dopo quarant'anni. Questa è una buona notizia per noi!).

Fatevi da parte, pivelle.

Quando arriva NdM2, anche Erdogan si sentirebbe destabilizzato, figurarsi il fragile equilibrio domestico di MdM2, basato su cose spinte negli armadi a casaccio e scatole ammucchiate sotto al letto.

MdM2 solitamente trascorre i due giorni precedenti all'arrivo a riordinare e pulire, cantando come Cenerentola, posseduta da una legione di demoni. Tutti vengono coinvolti nel dolore, vicinato compreso, poiché tutti devono soffrire con MdM2.

In un attimo di tregua, MdM2 domanda all'erede, tre-quattro anni, confusa da tanto sbattimento:

- Sai che stasera c'è una sorpresa per te? Sai cos'è?

- Il pulito.

Solitamente questo strazio avviene in occasione della Festa dei Nonni, durante la quale si ospitano i nonnidimerda che vengono ad assistere alla recita scolastica organizzata apposta per loro.

Personalmente, vorrei fare una diretta dalla Festa dei Nonni dell'asilo, con nonnadimerda che si accapiglia con altre amabili signore per la fila alla pesca miracolosa e nonnodimerda che cerca di imbrogliare con Google al gioco della pesata, per accaparrarsi un prosciutto, ma ho paura che vengano gli assistenti sociali a levarmi ai miei genitori.

Al rinfresco, i nonni in pole position, monolitici, che non li sposti manco con il femore spezzato, mangiano come dei bastardi con il bottiglione di vino imboscato su un davanzale.

Nonni, il prossimo anno partecipate pure al pagamento della retta oppure il vino lo portate per tutti.

In compenso, nel mio caso particolare, come esemplare di mammadimerda, posso godere di un'immensa fortuna: una suocera in un'altra nazione. Extra Ue. Dopo l'ultima simil-relazione, avevo infatti espresso una richiesta all'universo tutto: «Il prossimo mandamelo orfano». E ci siamo andati vicino.

Che poi, vienimi a dire che hai una suocera ingombrante?! Elisabetta II, Regina d'Inghilterra, stabilisce persino la lunghezza delle gonne di Kate.

Solo un dubbio mi attanaglia: è il rigido protocollo di corte inglese o il dubbio gusto di una mammadimerda sotto mentite spoglie a dettare le scelte in fatto di abbigliamento delle povere creature di Kate, rigorosamente vestite da babbe di minchia? Opteremo per la prima.

Appare necessario un breve *excursus*.

Icona di stile indiscussa, Kate Middleton incarna per tutte noi la favola di Cenerentola: Kate l'ha messa in banca.

Figlia di due assistenti di volo, nipote della classe operaia, si iscrive all'Università e si sa come vanno le cose a vent'anni, si fa una storiella con il primo stronzo che passa: l'Erede al trono di Inghilterra, William.

MdM2 ripensa al figuro patibolare che frequentava in quel periodo, che poteva detenere al massimo il titolo di Imperatore della polemica e Principe del fancazzismo.

Kate e William si lasciano, poi si riprendono e lei, che ha capito quanto se l'è rischiata, fissa le nozze a cinque mesi dall'annuncio del fidanzamento. Se non fosse che ha sbagliato fratello. Rimane comunque un bel matrimonio, se ti piacciono i cavalli.

I due optano per una cerimonia intima alla presenza delle rispettive famiglie e giusto quei millenovecento ospiti che nonna ci teneva tanto a invitare.

Tu per ogni partecipazione inviata hai infilato uno spillo nella bambolina voodoo e tutte quelle per la famiglia di tuo marito le hai scritte con l'inchiostro simpatico.

Tutta la stampa mondiale è presente al matrimonio di Kate e William, a testimoniare il grande evento, e chissà quale soddisfazione sarà stata per la sposa realizzare che nel giorno più felice della sua vita tutto il mondo era concentrato sul culo di sua sorella.

A questo punto il più è fatto, ma non per Kate, che comincia a sfornare bambini a perfetta cadenza biennale. Ogni sussulto della puerpera viene ampiamente documentato dai media: sappiamo tutto su gonfiori e nausee della Duchessa di Cambridge.

E, dopo il parto, queste avvincenti cronache proseguono per tutto ciò che concerne i pargoli: baby George mangia il suo primo fagiano, Charlotte redarguisce per la prima volta la tata e la fa rinchiudere nella torre di Londra, nonna Elisabetta regala uno Stato del Commonwealth ai nipoti per la dentizione. Comunque quando la monarchia sembra ormai salva e la successione dinastica accertata, Kate, invece di godersi la vita, fa lo scherzone imperiale: la terza gravidanza. All'annuncio, il principe Harry del nostro cuore, scivolato al sesto posto, si alza e fuori di sé esclama: «Vale tutto!», modulandolo con una serie di rutti selezionati.

Riparte il circo mediatico sulla gestazione, sulle nausee, sull'iperemesi gravidica della Duchessa e sulla sua linea fantastica, che le permette di indossare deliziosi cappottini doppiopetto al settimo mese, quando a te manco i tiranti in acciaio della Costa Concordia bastavano a tenerti abbottonata.

In tutto questo caleidoscopio di vomiti regali e cappottini taglia trentotto, c'è un altro personaggio della corte inglese nelle stesse condizioni di Kate che nessuno si fila: Zara Phillips, la cugina di William e Harry, diversamente incinta. Ottanta chili di nobiltà britannica avvolti nel cachemire bordeaux, con tanto di cappellino a scodellona sulle 15 e 15.

Je suis Zarà!

Terminato l'*excursus*, torniamo alle origini, con una domanda genealogica: da dove discende nonnadimerda? Sicuramente da una Regina Madre (dimerda) *ante litteram*.

La mia famigliadimerda è sempre stata attraversata da una vena più o meno goliardica di anticlericalismo.

Per inquadrare il personaggio: mia nonna dopo la guerra era una delle ragazze che festeggiavano il Primo maggio con Nilde Iotti. La cosa deve averle creato un corto circuito interiore, con quella spolverata di religiosità che si porta dietro e il suo senso di fede, che è un vero sentimento e non si può questionare neanche con noi stessi. Ma tant'è.

Il corto circuito emotivo interiore si manifesta di solito nei dialoghi. Per esempio, mi racconta di una conoscente che incontra durante l'esercizio di un'abitudine che ha recuperato negli anni:

- Quando vado a messa la domenica, la vedo sempre lì che legge il *Coso* là.

Il Vangelo, nonna. Il Vangelo.

Mia nonna è quella che quando la stagione arriva, prende pullman, treni, aerei, auto, vecchi fogli di giornale e si mette a rincorrere tutti i nipoti in giro per l'Europa al grido di «Mannaggia che non stiamo vicini, se no ti aiutavo io a pulire vetri/casa/verdura», ché a casa mia pare che l'amore si misura in olio di gomito e bucio de culo.

Mia nonna è quella che tutti gli anni a fine novembre fa la call of duty a tutte le parenti femmine per Natale: «Come facciamo quest'anno?», che la gente quando vede comparire quel numero sul display del telefono intorno a quei giorni, si butta per terra e rimpiange di aver disattivato il servizio di segreteria telefonica, perché a friggere nel 2019 non gli regge più a nessuna (tranne alla mia migliore amica che è Gran Maestro di Frittology e non si arrende manco al fegato).

Mia nonna è quella che mi portava al mare mezza giornata risicata perché il sole fa male, mi dava per merenda duecento lire di pizza bianca in comode strisce da tre centimetri per dieci e capace pure che aveva il coraggio di non farmi fare il bagno per paura della congestione; e poi due anni fa, a ottantasette anni, s'è messa a correre insieme a mia figlia come una matta.

«Nonna, stai buona che se ti rompi ti dobbiamo venire a raccogliere a Porta Inferi. E a me servi qua».

Mia nonna è un buon esempio per identificare il prototipo di Regina Madre (dimerda).

By MdM2XOXO

EPISODIDIMERDA

[Un corollario]

Elle

L'eccitazione derivante dalla libertà di poter disporre del proprio tempo in totale autonomia cede il posto a un'ansiogena mollezza, riassumibile nella prosaica domanda autoriferita: «E mo', che cazzo faccio?».

Un po' come quando entri in un negozio di elettronica in Giappone per comprare delle pile, ma finisci col fissare i 14.567 modelli esposti sulla parete con la bava alla bocca ed esci senza aver comprato nulla, in stato di semi trance.

Dopo aver esaurito le amiche disponibili per un aperitivo, aver fatto quel giro di shopping rimandato da mesi, finito la serie Tv e il libro in attesa sul comodino, il sentimento che covavo si affaccia prepotente e non più ignorabile: le erinni (figlia1 e figlia2) mi mancano. Terribilmente.

È la Sindrome di Stoccolma. Non c'è altra spiegazione.

La Sindrome di Stoccolma è un particolare stato di dipendenza psicologica e/o affettiva che si manifesta in alcuni casi in vittime di episodi di violenza fisica, verbale o psicologica. Il soggetto affetto dalla sindrome, durante i maltrattamenti subiti, prova un sentimento positivo nei confronti del proprio aggressore che può spingersi fino all'amore e alla totale sottomissione volontaria, instaurando in questo modo una sorta di alleanza e solidarietà tra vittima e carnefice.

Mammadimerda superpiù

Ogni tanto MdM1 viene folgorata da slanci di mammabenismo e così, spronata dalle testimonianze da copertina delle altre mamme blogger, che condividono le esperienze di accrescimento culturale che propongono ai propri figli - questi bambini biondi, sorridenti, ben vestiti e perfettamente educati, bilingue nonostante siano nati a Trofarello e la prima antenata non italiana sia Lucy l'australopiteca, che fanno la coda sorridendo, che non hanno mai utilizzato un tablet perché vengono costantemente intrattenuti da quella fonte inesauribile di giochini e filastrocche che è la propria madre blogger, anch'essa sempre sorridente e propositiva -, insomma, travolta da questo turbine di virtuosità, MdM1 decide di provarci anche lei.

Cosa potrebbe andare storto, in fondo?!

Fondamentale per effettuare lo switch a mammabene è calarsi nel ruolo, a cominciare dall'abbigliamento: no a tacchi, jeans strappati, Birkenstock, capelli unti. Sì a ballerine, gonne al ginocchio, trucco leggero, borsa Louis Vuitton (o *Vuttuon*, a seconda della regione cinese di provenienza).

Si passa quindi alla scelta dell'attività formativa da erogare alla prole: no a cinema, parco normale, zoo. Sì a teatro, parco sensoriale, mostra sperimentale.

A questo punto è necessario scegliere la prole: i bambini da lei posseduti basteranno? Siccome MdM1 ha tratti della personalità megalomane, ovviamente no e coopta una ulteriore bambina, portando a tre il numero di minorenni sotto la propria tutela.

Pronte! Si va a vedere la mostra esperienziale su Van Gogh, dall'altra parte della città. Piove, ma *I'm only happy when it rains*: sarà ancora più bello e gratificante!

Dopo aver recuperato figlia-non-sua, MdM1 percorre i dieci chilometri che la separano dalla meta in circa cinquanta minuti, causa traffico dovuto ad avverse condizioni meteo + ora di punta.

Poco male, l'allegra combriccola approfitta della permanenza nell'abitacolo per ripassare barzellette, canzoncine, tabelline, perché niente fermerà il buonumore oggi.

Il parcheggio è decisamente lontano dall'ingresso della mostra, l'ombrello disponibile uno solo, ma questo nuovo modello di mamma platinum non si scoraggia e infradiciandosi sotto la pioggia scrosciante saltella, insegnando *Singing in the Rain* alle bambine perplesse che non hanno ancora colto appieno lo spirito e la portata del Cambiamento.

Si mettono in coda. Fa freddo. Piove ancora. Ma siamo vive e aperte alle novità!

Arrivano in cassa:

- Un biglietto intero e tre ridotti, grazie.

- Sono trentacinque euro, prego.

Mano nella borsa che ravana.

Ravana ancora.

Ravana nervosamente.

Panico.

Testa nella borsa.

Borsa svuotata sul pavimento.

Non c'è traccia del portafoglio.
- Accettate pagamenti in sangue/natura/bambini?
- Mi spiace, signora, si sposti che sta bloccando la coda - risponde la bigliettaia insensibile al dramma che si sta consumando sotto ai suoi occhi.

MdM1 va in palestra una volta l'anno, quella volta è stata il giorno precedente e ha lasciato il portafoglio nella borsa del cambio.

La storia finisce così, mi piacerebbe infiocchettarla, raccontandovi del colpo di genio avuto subito dopo da mamma platinum per ovviare alla situazione, ma il mammadimerdismo si è rimpossessato di lei e l'unica lezione che ha imparato da questo fallimento è: Mai andare in palestra!

INCONCLUSIONI

Un giorno di pioggia MdM1 e MdM2 incontrano la editordimerda [per caso]. *Kiss me Liciaaa*!

MdM1, capelli lunghi, alla Fujiko. Viso di porcellana. Velleità artistiche. Sigaretta di Jigen in bocca.

MdM2, Ray-Ban Wayfarer, come i Blues Brothers. In missione per conto di Dio... Piove. Ricorda più Clay in *Meno di Zero*.

Editordimerda [con fare serio e professionale]: - Perché volete scrivere un libro?

MdM1 e MdM2 [all'unisono, squittendo, un pochino]: - Perché noi siamo fatte di parole!!!

Editordimerda: - Meno male che non avete detto di essere fatte di polvere di stelle. Vabbè. [Lo pensa, ma non lo dice]. Libro, ok. E il tema è?

MdM1 e MdM2: - Mammadimerda! [Di nuovo all'unisono, di nuovo squittendo, un pochino].

Editordimerda: - Cos'è mammadimerda?

MdM2: - Be', era un hashtag che ho cominciato a usare un sera che sono fuggita dal letto dov'ero incastrata tra neonata e gatto, con una gran voglia di fumare. E l'ho fatto. In giardino, con la copertina di mia figlia al collo al posto della sciarpa. E mi è tornata in mente una mia amica all'apparenza tutta perfettina, che lamentava una madre molto simile a me, appellandola in questo modo. Oh, poi l'ho lavata la coperta, comunque.

MdM1: - è il blog che ho aperto tre anni fa, quando ho rinunciato definitivamente a provare a essere tutta a modino, più che una mammabene una mamma platinum, facevo i maglioni ai ferri e la pasta in casa. Poi qualcosa si è rotto, non mi sentivo più io, quel modello al quale tentavo di aderire non mi rispecchiava, non completamente. Così l'ho buttata sull'autoironia e ho cominciato a scrivere di questa «mammadimerda» che è l'opposto del modello vincente.

MdM2: - Sì, il giorno prima questa qua era una punkabbestia, il giorno dopo sembrava la nipote di Coco Chanel. Le ho chiesto «Stai bene? Tutto a posto?», come lo chiederesti ad Hannibal Lecter e lei, fredda, di ghiaccio polaretto: «Mi sono data un ordine» e, mentre lo diceva, serafica e composta, un tic all'occhio destro.

MdM1: - Sì, ero in una fase arcadica. Sono andata a vivere a Zolla e io odio la campagna. Il giardino è il mio incubo, fortunatamente nessuno si aspetta nulla da me, uccido anche le piante grasse. L'ho fatto per le bambine. Esercitavo una forma di controllo, cercando di prevedere e controllare tutto. Lavoro, figlia1 neonata, marito. Me stessa. Gli insetti. Mi era venuto un lieve accento tedesco. Mai come te, comunque, che eri arrivata ad autoimporti orari di lavoro da otto volante pur di gestire la Bambina senza sentimenti.

MdM2: - Sì, io ero preda di ossessioni e facili nevrosi. La Montessori mi turbava in sogno e mi perseguitava di giorno. Salti mortali, capriole rocambolesche, annullamento dell'uso di sale durante lo svezzamento. Poi, tutto nel cesso: mi sono stufata.

Editordimerda: - Bene, moltooo beneee, ho a che fare con due pazze! [Non lo dice ad alta voce, ma lo pensa].

MdM1: - Abbiamo provato entrambe a essere perfette. Poi ci siamo rese conto che non era solo impossibile, ci disumanizzava proprio. La tesi è che quando nasce un figlio, per spinte sociali, per senso di responsabilità al quadrato, per sfiducia e malafede nei confronti di padre, parenti e amici, vuoi essere tutto e fare tutto. Poi l'antitesi. Ti rendi conto che il totalitarismo è seguito dalla psicopatologia e inizi a pensare di prendere il prozac.

MdM2: - Non apriamo la parentesi graffa degli psicofarmaci, almeno quelli sembravano salati nel periodo in cui avevo eliminato il sale.

MdM1: - L'unica sintesi possibile, per una donna, per una madre, per un essere umano in generale, è non prendersi troppo sul serio. Per vivere, per non impazzire, e di conseguenza non fare impazzire gli altri esseri umani intorno, quelli a cui tieni di più, in particolare i tuoi figli.

MdM2: - Dopo anni di terapia, sono giunta alla conclusione che l'unica possibilità è accettare l'inadeguatezza e farne un manifesto. A quel punto puoi essere te stessa e non sentirti sola. In fondo, mi piace pensare che esista un'intelligenza collettiva, un Iperuranio, e noi due abbiamo attinto in tempi diversi, in modi diversi, in spazi diversi dalla stessa idea: la mammadimerda.

MdM1: - è un archetipo, un idealtipo, il nostro. Senza genere. Vale su più ambiti: il lavoro, la famiglia, la socialità. In nessuna cosa sei perfetto, perché gli ambiti si incastrano e tu devi venire a patti con le pulsioni dell'esistenza. Per vivere devi essere un po' merdista.

Editordimerda: - Mi piace questa idea. Sarebbe bello scriverne una fenomenologia, per far capire come si esplicita la mammadimerda. Sarebbe anche interessante trasformare quello che avete detto in una specie di manifesto avaguardistico!

E fu così che le tre, alle dieci di un lunedì mattina di pioggia, ordinarono vodka e fumarono millemila sigarette. La editordimerda stava per dimenticare il suo computer al bar in un afflato merdistico non male.

Tutte e tre stavano pensando che l'avanguardia è sempre la soluzione.

The End

POSTFAZIONE

di Francesca Castro

«Quando vedo su Facebook tutte quelle immagini di bambini e genitori felici mi chiedo cosa ho io di sbagliato, cosa sbaglio come mamma...»

«Un giorno ho preso il permesso dal lavoro e sono andata a prendere mio figlio all'asilo, ma lui piangeva perché voleva la baby sitter...
mi sono licenziata poco dopo, anche se mi manca il mio lavoro»

«Ho così paura di sbagliare che faccio fare tutto alla nonna, a mia madre, lei almeno ha dimestichezza con i bambini essendoci già passata...»

«Da quando è nata nostra figlia, la mia compagna non fa che dire che lei non è capace, che non si sente come una mamma dovrebbe sentirsi, e io non so come aiutarla, mi sento inutile»

«Ogni volta che esco per andare al lavoro mi sento tremendamente in colpa».

Quante volte ho ascoltato affermazioni simili nel mio lavoro clinico? Al netto di situazioni nelle quali può esserci una fragilità emotiva legata alla propria storia, quante volte ho dovuto lavorare sul peso che le aspettative, le pretese di perfezione, i dogmi sociali fanno ricadere su chi affronta, inconsapevole, l'avventura di essere madre? Questa difficoltà evidentemente trascina con sé anche l'altra metà del mondo, «il» padre, che spesso finisce per relegarsi o essere relegato a un ruolo marginale, un orpello, poco più di uno spermatozoo.

Così l'immaginario del materno vive nella nostra cultura una scissione insanabile, che rende estremamente arduo, se non impossibile, mettere insieme i pezzi della propria identità da parte di chi si trova a vivere questa condizione.

L'imperativo di crescere la prole «sacrificando» il proprio desiderio rispetto ad altre aree di autorealizzazione, la necessità di mantenere un'elevata produttività in ambito lavorativo, la valorizzazione dell'autodeterminazione femminile in molti ambiti sociali, la «funzione sociale della donna» chiamata a procreare per la sopravvivenza della specie, la de-sessualizzazione della fisicità femminile materna, la valorizzazione dell'allattamento al seno, lo scandalo dell'allattamento in pubblico, sono solo alcune delle istanze contrapposte che rischiano di frammentare la specificità con cui ciascuna donna che diviene madre vive, nel suo proprio modo, l'esperienza della maternità.

L'archetipo della «mater» sollecita una serie di proiezioni, passando attraverso lo sguardo dell'altro, specialmente sul corpo femminile materno che viene divorato dall'ideologia di perfezione di chi non ha dubbi su «come dovrebbe essere» una buona madre: non quella donna lì, non quella persona, con la sua storia, con le sue inclinazioni e desideri, ma «La» madre come icona appiattita e seriale che null'altro desideri e che non disturbi, con la sua soggettività, i nodi irrisolti di una cultura patriarcale ancora scissa tra la madonna e la puttana.

E l'imperativo di essere felice perché finisce con il diventare una comunicazione paradossale che saccheggia lo spazio dei sentimenti autentici, di felicità, di tenerezza, di struggimento, di ambivalenza, di quella complessità che ci caratterizza e ci differenzia come esseri umani. In altre parole, se «devo» essere felice, faticherò molto a percepirmi sinceramente, spontaneamente tale.

«Sa cosa stavo pensando? Esiste un sito, ha un nome un po' particolare, sa, ma credo che se lo leggesse potrebbe essere interessante per lei... si chiama... *mammadimerda*... no, guardi è fatto bene, provi a dare uno sguardo perché è interessante».

Anziché un testo scientifico, sempre utile, o di qualche articolo sulla posizione materna e paterna tanto caro alla psicanalisi, continuavo a sorprendermi nel consigliare la lettura di quel piccolo (all'epoca) sito, fondato da donne che raccontavano con ironia e disincanto le loro (dis)avventure sulla maternità... e sulla psicologia benpensante. Consiglio inusuale per una psicoterapeuta, dato all'inizio in modo un po' clandestino rispetto al *setting* terapeutico, sulla porta... ché in stanza di terapia si devono consigliare testi autorevoli, mica si può scherzare.

Invece nel tempo quel sito ha iniziato a rientrare dalla finestra, citato autonomamente dai e dalle pazienti, come possibilità di «tagliare» con una risata ironica la fitta coltre di pregiudizi nei quali ciascuno si trova a modo suo impantanato. Convincendomi che davvero questa è una buona strada, per fare cultura.

Un modo per uscire da questi tempi difficili, in cui ancora si parla di «funzione sociale» della donna nemmeno fossimo in un romanzo di Orwell, in cui si lasciano sotto al tappeto le denunce di violenza familiare, di violenza ostetrica, nel nome della gioia della maternità. Come se l'una dovesse escludere l'altra. È proprio attraverso «il motto di spirito» di cui parlava Freud, la risata e l'ironia, meccanismo di difesa più evoluto su cui possiamo contare, che si può far ascoltare l'inascoltabile a chi si gira dall'altra parte.

Finché non riconosciamo che il femminile e il materno non riguardano solo le donne, ma sono un interrogativo da porre alla società tutta, finché non riconosciamo il materno che c'è nel padre e lo legittimiamo (magari anche con proposte di legge e congedi di paternità più idonei alle vicende umane contemporanee), non possiamo costruire una cultura più rispettosa, e senz'altro più fertile, che vada oltre gli slogan sulla necessità di procreare, essendo la procreazione cosa molto diversa dall'essere genitori.

Abbiamo bisogno di luoghi, reali e virtuali, come mammadimerda.it, abbiamo bisogno della loro *vis* polemica, della loro disponibilità all'autoironia e alla solidarietà. Abbiamo bisogno di mamme e papà di merda, che se la cavano nonostante tutto, che si aiutano e si inventano. Abbiamo bisogno di riconoscere l'amore come atto imperfetto e, per questa ragione, bello e vitale.

INDICE

APPUNTI DI MERDA

[A vostro sentimento]

Printed by Amazon Italia Logistica S.r.l.
Torrazza Piemonte (TO), Italy

38510733R00077